Angl[illegible]

POUR LES NULS

Anne-Marie Bonnerot

Le contenu de cet ouvrage a été élaboré en collaboration avec les Éditions Bordas.

éco responsable
Bordas

FIRST
Editions

Anglais 5e pour les Nuls

ISBN : 978-2-7540-1851-7
Dépôt légal : 2e trimestre 2010

Mise en page : ReskatoЯ
Couverture : Catherine Kédémos
M. Nul est habillé par : David Beuque
Édition : Franck Henry
Illustrations : Stéphane Mattern

Imprimé en France par Chirat

Nous nous efforçons de publier des ouvrages qui correspondent à vos attentes et votre satisfaction est pour nous une priorité. Alors, n'hésitez pas à nous faire part de vos commentaires :

Éditions First-Gründ
60, rue Mazarine
75006 Paris – France
Tél. : 01 45 49 60 00
Fax : 01 45 49 60 01
E-mail : firstinfo@efirst.com
Site internet : www.pourlesnuls.fr

Sommaire

Quatrième partie : Grammaire de la phrase

Cinquième partie : Vocabulaire et culture générale

Introduction

À propos de ce livre

Ce livre s'adresse à tous ceux qui rencontrent des difficultés en anglais et qui ont décidé de s'accrocher.

Toutes les notions du socle commun de connaissances qu'un élève est censé avoir acquises à la fin de la 5e sont abordées.

Toutes les notions incontournables du programme d'anglais 5e sont traitées.

La collection « Pour les Nuls » a mis tout en œuvre pour faciliter l'accès à l'apprentissage de l'anglais. Finis les mots compliqués, terminées les heures passées à s'arracher les cheveux sur le prétérit.

Tu vas enfin pouvoir découvrir l'anglais sous un nouveau jour.

Comment ce livre est-il organisé ?

Ce livre est découpé en grandes parties :

- **Communiquer** ;
- **Grammaire du groupe nominal** ;
- **Grammaire du groupe verbal** ;
- **Grammaire de la phrase** ;
- **Vocabulaire et culture générale**.

À l'intérieur de ces grandes parties, les notions sont traitées sur une double page : c'est pratique !

Chaque double page te propose une révision progressive en quatre étapes : c'est efficace, tu vas voir !

- **J'observe et je comprends :** tu entres en douceur dans la notion. Grâce à cette observation, tu vas comprendre le cours de manière intuitive.
- **J'apprends :** c'est le cours ! Il est présenté de façon claire et synthétique.
- **J'applique :** tu mets en pratique ce que tu viens d'apprendre. Tu vas pouvoir vérifier que tu as bien tout compris.
- **Je m'entraîne :** une série d'exercices t'est proposée pour t'entraîner. Les exercices sont classés par niveaux de difficulté (★, ★★ ou ★★★) et évalués. Tu vas ainsi pouvoir te noter.

À la fin de chaque grande partie, un **bilan**, sous la forme d'un QCM, te permet de faire le point sur les connaissances acquises ou celles plus fragiles pour lesquelles un petit retour à la leçon est nécessaire.

À la fin de l'ouvrage se trouvent tous les **corrigés** des exercices et des bilans. Ces corrigés sont détaillés et enrichis de conseils aux parents.

Tu as aussi droit à des bonus :

- La **partie des Dix** : tu y découvriras qu'il existe dix questions courantes, dix règles de grammaire et dix règles d'orthographe à retenir.
- Une **annexe** : tu y découvriras une liste de verbes irréguliers et un tableau de conjugaison.
- Un **tableau de suivi de progression** pour suivre ton ascension pendant toute l'année. C'est simple à utiliser : tu dois indiquer sur le tableau ta note finale à la fin de chaque série d'exercices.

Les icônes utilisées dans ce livre

Tout au long du livre, tu vas rencontrer les mêmes icônes. Celles-ci jalonnent un parcours qui te permettra de bien comprendre où tu en es dans ton apprentissage ; c'est un super repérage si tu es perdu(e) !

Tu entres en douceur dans la notion traitée en observant un exemple commenté.

Impossible d'y échapper ! C'est ce que tu dois absolument retenir, l'essentiel du cours.

À toi de jouer pour un premier essai ! C'est l'application directe de ce que tu viens de voir.

Des informations pour découvrir la culture du monde anglo-saxon.

Après l'échauffement, c'est parti pour une série d'exercices.

C'est le moment des bilans.

Ce sont les conseils aux parents : des trucs et des astuces pour mieux expliquer les difficultés de l'exercice.

1 Se présenter, échanger des informations
How are you today?

Dans cette fiche :

- Tu vas apprendre à te présenter et à échanger des informations simples avec quelqu'un.

J'OBSERVE ET JE COMPRENDS

Sam et Patrick se rencontrent pour la première fois à l'école.

Sam: **Good morning! My name's Sam! What's your name?**

Patrick: **Hi,** Sam! **My name's Patrick. How are you?**

Sam: **I'm fine, thanks. Where do you come from, Patrick?**

Patrick: **I come from France.**

Sam: So, you speak French and English, don't you?

Patrick: **Yes, I do.**

Sam: **Lucky you!**

J'APPRENDS

- **Pour saluer**
  Hi! *Salut !* (à tous moments)
  Good morning! / Good afternoon! *Bonjour !* (le matin / l'après-midi)
  Good evening! / Good night! *Bonsoir ! / Bonne nuit !*
- **Pour se renseigner et s'informer**
  What's your name? My name's... *Comment t'appelles-tu ? Je m'appelle...*
  How are you (today)? I'm fine, thanks / thank you. *Comment vas-tu (aujourd'hui) ? Je vais bien, merci.*
  Where do you come from? I come from France / from England... *D'où viens-tu ? Je viens de France / d'Angleterre...*
- **Pour s'exclamer**
  Lucky you! / Lucky him! *Quelle chance (tu as) ! / Quelle chance (il a) !*

J'APPLIQUE — À toi!

Présente-toi en faisant deux phrases complètes pour dire ton nom et d'où tu viens.

....

....

....

JE M'ENTRAÎNE

❶ ★☆☆ Complète chaque phrase avec le mot manquant.

…/5 points

1. My ....'s Jack.
2. What's .... name?
3. Do you .... French?
4. .... do you come from?
5. .... morning!

❷ ★★☆ Recopie, dans le dialogue de la page précédente :

…/2 points

1. une phrase sur l'origine ;

....

2. une phrase sur l'état de santé.

....

❸ ★★☆ Remets les mots dans le bon ordre.

…/3 points

1. you / where / from / ? / are ➤ ....
2. about / what / ? / you ➤ ....
3. parents / my / from / France / are / . ➤ ....

....

❹ ★★★ Trouve les questions qui correspondent à ces réponses.

…/5 points

1. I come from Japan. ➤ ....
2. Yes, I do. ➤ ....
3. My name's John. ➤ ....
4. I'm fine, thanks. ➤ ....
5. I live in Paris. ➤ ....

❺ ★★★ Traduis.

…/5 points

1. Je vais bien.

....

2. Je suis français.

....

TOTAL : …/20 points

➤ *Corrigés p. 86*

2 Parler de soi, de sa famille
I've got a big brother

Dans cette fiche :

▶ Tu vas apprendre à parler de toi et de ta famille.

J'OBSERVE ET JE COMPRENDS

Patrick: Hi Sam! **Why** are you tired?

Sam: **Because** my father came back late yesterday.

Patrick: **What's your father's job?**

Sam: **He's a reporter.** He travels a lot. **What does your father do?**

Patrick: **Dad's a doctor and mum's a housewife. Have you got any brothers and sisters, Sam?**

Sam: Yes, I have. What about you?

Patrick: **I'm an only child** but I've got many friends!

J'APPRENDS

- **Pour saluer**
  How are you doing? *Comment ça va ?*
  I'm fine, thank you. *Je vais bien, merci.*
- **Pour se renseigner sur la cause**
  Why… ? Because… *Pourquoi… ? Parce que…*
- **Pour se renseigner sur le métier**
  What's your job? *Quel est ton métier ?* What do you do? *Que fais-tu (dans la vie) ?*
  I'm a reporter. My mother's a journalist / a doctor… *Je suis reporter. Ma mère est journaliste / médecin…*
- **Pour se renseigner sur les frères et sœurs**
  Have you got any brothers and sisters? *As-tu des frères et sœurs ?*
  Yes, I have. / No, I haven't. *Oui. / Non.*
  I'm an only child. *Je suis fils / fille unique.*

J'APPLIQUE — À toi!

Fais des phrases complètes pour dire :

1. le métier de tes parents ;

....

2. si tu as des frères et sœurs et combien.

....

JE M'ENTRAÎNE

❶ ★★★ Réponds aux questions suivantes en faisant des phrases.

1. What does your mother do?

……………………………………………………………………

2. Have you got any brothers and sisters?

……………………………………………………………………

3. How many brothers and sisters have you got?

……………………………………………………………………

4. Have you got a big brother?

……………………………………………………………………

5. How are you doing?

……………………………………………………………………

/5 points

❷ ★★★ Remets les lettres dans le bon ordre.

1. cebasue ➤ ……………………
2. tresis ➤ ……………………
3. boj ➤ ……………………
4. woh ➤ ……………………
5. hyw ➤ ……………………

/5 points

❸ ★★★ Remets les phrases de ce dialogue dans le bon ordre.

1. OK, bye! See you tomorrow then!
2. I'm fine, thanks. How are you?
3. I'm going to the football club and I'm in a hurry (*pressé*). So, see you tomorrow (*à demain*) at school!
4. Hi! How are you?
5. Fine. Where are you going?

Ordre des phrases : ……………………………………………

/5 points

❹ ★★★ Trouve les questions qui correspondent aux réponses suivantes.

1. He's an architect.

……………………………………………………………………

2. No, I haven't. I'm an only child.

……………………………………………………………………

/5 points

TOTAL : /20 points

▶ *Corrigés p. 86*

3 Parler de ses goûts, de ses habitudes
I love swimming

Dans cette fiche :

▶ Tu vas apprendre à dire ce que tu aimes et ce que tu n'aimes pas faire et à parler de tes habitudes.

J'OBSERVE ET JE COMPRENDS

Sam: Patrick, **what's your favourite hobby?**
Patrick: **I love** football. What about you?
Sam: I love it too. **How often do you play?**
Patrick: I play **twice a week**.
Sam: **Have you got other hobbies?**
Patrick: Yes, I have. I'm fond of chess (*les échecs*).
Sam: **I hate chess!** I think it's too difficult.

J'APPRENDS

- **Pour se renseigner sur les goûts**
  What are your hobbies? *Quels sont tes hobbies ?*
  What's your favourite hobby? *Quel est ton hobby préféré ?*
- **Pour parler de ses goûts**
  I like / I enjoy football / playing football… *J'aime bien le football / jouer au football…*
  I love *J'adore* I don't like, I hate *Je n'aime pas, je déteste…*
- **Pour parler de la fréquence**
  How often / When do you play football? *À quelle fréquence / Quand joues-tu au football ?*
  once, twice, three times… *une fois, deux fois, trois fois…*
  once a week, a month… *une fois par semaine, par mois…*
  every day, every week… *tous les jours, toutes les semaines…*
  sometimes, often, always, never *parfois, souvent, toujours, jamais*
- **Les adverbes de fréquence** (sometimes, often, always, never) se placent avant le verbe, sauf avec be.
  He often plays rugby. *Il joue souvent au rugby.*
  He's often late. *Il est souvent en retard.*

J'APPLIQUE — À toi!

Dis en anglais que :

1. tu aimes bien le rugby : ....
2. tu détestes danser : ....

JE M'ENTRAÎNE

1 ★☆☆ **Classe les mots suivants en deux catégories.**

cooking – jogging – playing video games – watching TV – playing football

1. Sports ➤ ....

....

2. Autres activités ➤ ....

....

5 points

2 ★★☆ **Relie ces activités à leur traduction.**

1. skiing ●	● **a.** la lecture
2. listening to music ●	● **b.** l'équitation
3. painting ●	● **c.** faire du ski
4. riding a horse ●	● **d.** peindre
5. reading ●	● **e.** écouter de la musique

5 points

3 ★★★ **Trouve les questions qui correspondent à ces réponses.**

1. He plays basketball twice a week.

....

2. They like reading and going to the cinema.

....

3. My favourite hobby is skiing.

....

4. No, I hate jogging.

....

5. She goes dancing on Fridays.

....

5 points

4 ★★★ **Traduis.**

1. Mon passe-temps favori est le tennis.

....

2. Je joue souvent au ping-pong.

....

5 points

TOTAL : ―― / 20 points

➤ *Corrigés p. 86*

4 Dire ce que l'on va ou aimerait faire
I'd love to!

Dans cette fiche :

▶ Tu vas apprendre à faire ou accepter une invitation et à dire ce que tu vas ou ce que tu aimerais faire.

J'OBSERVE ET JE COMPRENDS

Sam: Patrick, **would you like to** come to my birthday party this Saturday?

Patrick: **I'd love to!**

Sam: **Would you like to** come to my house to prepare the party with me?

Patrick: **Sure! We could** decorate your house.

Sam: **Fantastic!**

Patrick: And if your parents agree, **you could** sleep at my house tonight.

Sam: **That would be great! I'm going to** ask them immediately.

J'APPRENDS

- **Pour inviter, proposer**
  Would you like to + verbe ? / Would you like + nom ? *Est-ce que tu voudrais… ?*
- **Pour accepter**
  I'd love to! I'd love it! *J'adorerais!*
  That would be great / fantastic! *Ce serait génial / fantastique !*
- **Pour dire que l'on aimerait faire ou avoir quelque chose**
  I'd like to come. *J'aimerais venir.*
  I'd like a cup of coffee. *Je voudrais une tasse de café.*
- **Pour dire ce que l'on pourrait faire**
  We could decorate / come… *Nous pourrions décorer / venir…*
- **Pour dire ce que l'on va faire**
  I'm going to ask / go out… *Je vais demander / sortir…*

J'APPLIQUE — À toi!

Comment proposerais-tu :

1. à John d'aller au parc ? ……………………………………………
2. à Kate de venir chez toi ? ……………………………………………

1 ★★★ Trouve dans le dialogue de la page précédente :

1. une phrase qui montre que Patrick adorerait faire quelque chose ;

2. une proposition que Sam fait à Patrick ;

3. un mot qui montre que Patrick accepte très volontiers la proposition de Sam ;

4. une phrase de Patrick qui exprime une possibilité (un conditionnel) ;

5. une phrase dans laquelle Sam dit qu'il va faire quelque chose.

10 points

2 ★★★ En t'inspirant du dialogue de la page précédente, trouve des réponses enthousiastes aux questions suivantes.

1. Would you like to come to my house?
2. Would you like a piece of cake?

2 points

3 ★★★ Remets les mots dans le bon ordre.

1. you / would / to / my / come / like / house/ ? / to

2. going / I / to / am / ask / mother / my / .

2 points

4 ★★★ Traduis.

1. J'aimerais voir ce film.

2. Je viendrai si ma mère est d'accord.

3. Ce serait fantastique.

6 points

TOTAL : ____ / 20 points

▶ *Corrigés p. 86*

5 Écrire un courrier
Dear mum

Dans cette fiche :

▶ Tu vas apprendre à écrire une petite lettre et à raconter tes vacances.

To Samuel Brixton, 2d April
3 Oxford Street
London SE 1

Dear Sam,

I hope you are well.
I am writing to you from France. **I am on holiday in Paris** where I visit some family. **I am having a great time!**
Yesterday, we went to the Eiffel Tower ant to the Arc of Triumph.
Today, I am going to see my best friend, Jean. **We are going to go to the cinema. I am so happy** to see him again.
Tomorrow, we will visit Aunt Sophie; she's my mother's sister.
I will be back in London this weekend.
See you soon,

Patrick

- **Pour commencer une lettre**
  Dear… *Cher(s) / chère (s)…*
  I hope you are well / fine. *J'espère que tu vas (vous allez) bien.*
- **Pour terminer une lettre**
  See you soon. *À bientôt.*
- **Pour dire ce que l'on a fait**
  Yesterday, + prétérit *Hier, …*
  Last week / Last Sunday… *La semaine dernière / Dimanche dernier…*
- **Pour dire que l'on s'amuse**
  I am having fun / a good / great time… *Je m'amuse, je passe du bon temps…*
  This is fun / amazing / (so) exciting / great! *C'est amusant / incroyable / (si) excitant / génial !*

Comment dirais-tu à quelqu'un que :

1. tu espères qu'il va bien? ....

2. tu écris d'Angleterre? ....

JE M'ENTRAÎNE

1 ★★★ **Remets les mots dans l'ordre.**

1. am / I / fun / having ➤ ....

2. you / see / soon ➤ ....

3. went / he / the / yesterday /cinema / to

➤ ....

5 points

4. great / this / is ➤ ....

5. hope / well / are / I / you ➤ ....

2 ★★★ **Les phrases de ce courrier sont dans le désordre. Retrouve le bon ordre.**

1. See you soon! Sandra

2. I am writing to you from Spain.

3. I hope you are fine.

4. Dear Sophie

5 points

5. I am having a great time.

Ordre des phrases : ....

3 ★★★ **Conjugue les verbes entre parenthèses au temps qui convient.**

1. Yesterday, I (go*) .... to the swimming-pool.

2. I .... (have) a good time on holiday.

3. Tomorrow, we (visit) .... a museum.

4. I (write) .... from England.

5 points

5. Last week, we (visit) .... the city.

* **Attention !** *Go* est un verbe irrégulier (voir page 94).

4 ★★★ **Traduis.**

1. C'est génial!

....

5 points

2. Je suis tellement content(e).

....

TOTAL : ____ / 20 points

▶ *Corrigés p. 87*

Bilan 1 Communiquer

Coche la bonne case quand tu as trouvé la réponse. Il n'existe qu'une seule possibilité. Chaque bonne réponse vaut 2 points.

❶ Pour t'informer sur l'état de santé de quelqu'un, tu dirais :

a. ☐ Who are you?
b. ☐ What's your name?
c. ☐ I'm fine, thanks.
d. ☐ How are you?

2 points

❷ Pour donner ton origine, tu dirais :

a. ☐ I am from French.
b. ☐ I am French.
c. ☐ I am from France.
d. ☐ I am France.

2 points

❸ Je suis le pluriel de *hobby*, trouve-moi.

a. ☐ hobbies
b. ☐ hobies
c. ☐ hobbys
d. ☐ hobbis

2 points

❹ Pour dire que tu as 12 ans, tu dirais :

a. ☐ I am 12 years.
b. ☐ I'm 12.
c. ☐ I've got 12.
d. ☐ I have 12.

2 points

❺ Quelle phrase exprime le sentiment le plus fort ?

a. ☐ I like dancing.
b. ☐ I enjoy dancing.
c. ☐ I love dancing.
d. ☐ I don't like dancing.

2 points

6 Pour répondre à un remerciement, on dit :

2 points

a. ☐ Thank you!
b. ☐ Welcome!
c. ☐ You're welcome!
d. ☐ Thank you so much.

7 Pour suggérer une invitation, tu dirais :

2 points

a. ☐ Why not coming to my house?
b. ☐ Why are you coming to my house?
c. ☐ Do you want to come to my house?
d. ☐ Come to my house!

8 Pour dire que tu t'amuses quelque part, tu dirais :

2 points

a. ☐ I am funny.
b. ☐ I am great.
c. ☐ This is funny.
d. ☐ I'm having fun.

9 Je suis un synonyme de *great*, trouve-moi.

2 points

a. ☐ very tall
b. ☐ very lovely
c. ☐ very exciting
d. ☐ very bad

10 L'équivalent de *tu plaisantes* est :

2 points

a. ☐ You're kidding!
b. ☐ You're living!
c. ☐ You're a kid.
d. ☐ You're lying!

TOTAL : ____ / 20 points

▶ Corrigés p. 87

6 Les articles et les démonstratifs
a book, this animal

Dans cette fiche :

▶ Tu vas apprendre à utiliser les articles et les démonstratifs.

J'observe et je comprends

(1) I want **a** cup of tea and **an** apple, please.
(2) I want **the** cup of tea and **the** apples on **the** table, please.
(3) Which pullover do you want? **This** blue pullover or **that** red one?
(4) Who are **these** girls? They are my cousins and **those** girls over there are my friends.

Observe les mots en **gras** : ce sont des articles ou des démonstratifs.

- (1) les articles a et an ne s'emploient qu'au singulier.
- (2) L'article the peut s'employer au singulier et au pluriel.
- (3) Les démonstratifs this et that ne s'emploient qu'au singulier.
- (4) Les démonstratifs these et those ne s'emploient qu'au pluriel.

J'apprends

- **L'article a / an**
  C'est un **article indéfini**. On l'utilise pour parler d'une chose ou d'une personne quelconque (une parmi d'autres).
  – On emploie a devant un nom singulier commençant par une consonne (lettre ou son consonne) : **a** cat, **a** dog, **a** year.
  – On emploie an devant un nom singulier commençant par une voyelle : **an** apple, **an** English woman.
- **L'article the**
  The est un **article défini**. On l'utilise au singulier et au pluriel pour parler de **choses** et de **personnes** uniques que l'on **désigne** ou que l'on **connaît** :
  the sun, **the** apple on the table.
- **Les démonstratifs this, that, these, those**
  This / that au singulier et these / those au pluriel servent à **montrer** quelque chose ou quelqu'un.

J'applique — À toi!

Complète avec l'article ou le démonstratif qui convient.

1. Look at .... mountains! They are .... Alps.

2. I had .... big breakfast .... morning.

JE M'ENTRAÎNE

❶ ★☆☆ Complète avec *a* ou *an*.

4 points

1. .... beautiful film
2. .... athlete
3. .... ice-cream
4. .... taxi driver
5. .... English country
6. .... glass of champagne
7. .... year
8. .... uniform

❷ ★★☆ Complète avec *a*, *an* ou *the*.

5 points

1. English is .... important language.
2. .... cars in this street are all big cars.
3. .... man in yellow is .... rugby player.
4. My uncle John is .... architect.
5. .... roses in this shop are wonderful.

❸ ★★☆ Transforme les deux phrases en une seule.

3 points

Ex. : It's an umbrella. It's blue. ➤ It's a blue umbrella.

1. It's a bag. It's expensive. ➤ ....
2. It's an armchair. It's comfortable. ➤ ....
3. He's a doctor. He's good. ➤ ....

❹ ★★★ Mets ces phrases au pluriel ou au singulier.

5 points

1. This apple is green. ➤ ....
2. Look at that man! ➤ ....
3. These blue cars are dirty. ➤ ....
4. Those children are very noisy. ➤ ....
5. The cats are sleeping. ➤ ....

❺ ★★★ Traduis.

3 points

1. Cette voiture est chère. ....
2. Le soleil brille. ....
3. Ce sont mes parents. ....

TOTAL : ...... / 20 points

➤ Corrigés p. 87

7 Les pronoms personnels
I love you!

Dans cette fiche :

- Tu vas revoir les pronoms personnels anglais sujets et compléments.
- Tu vas surtout apprendre à les utiliser !

(1) Sophie likes Brad Pitt. **She** likes **him**.

(2) Dave likes dogs. **He** likes **them**.

- Observe les mots en **gras** : ce sont des pronoms personnels. Certains sont sujets (she et he), d'autres sont compléments d'objet (him et them).
- Les pronoms permettent de parler de personnes ou de choses sans les renommer: she reprend *Sophie*, him reprend *Brad Pitt* (1) ; he reprend *Dave* et them reprend dogs (2).

- Les **pronoms personnels** permettent de **remplacer un nom**.
- Ils peuvent être **sujet** ou **complément**.

English children	wear	**uniforms**.
sujet	verbe	**complément**
They	wear	**them**.

- Les **pronoms personnels** compléments se placent toujours **après le verbe**.
- Tu dois connaître les pronoms personnels **par cœur** !

pronoms personnels	1re pers. sing.	2e pers. sing.	3e pers. sing. masc.	3e pers. sing. fém.	3e pers. sing. neutre	1re pers. plu.	2e pers. plu.	3e pers. plu.
sujets	I	you	he	she	it	we	you	they
compléments	me	you	him	her	it	us	you	them

Remplace les mots soulignés par le pronom qui convient.

1. My brother loves Mary. ➤ ....

2. Kate has got an umbrella. ➤ ....

JE M'ENTRAÎNE

1 ★☆☆ **Indique si les éléments soulignés sont sujets (S) ou compléments (C) dans les phrases suivantes.**

4 points

1. David loves his parents. (................./.................)
2. I like this blue car. (................./.................)
3. Who are these girls? They are sisters. (................./.................)
4. I love you. (................./.................)

2 ★★☆ **Réécris les phrases suivantes en remplaçant les mots en gras par le pronom personnel qui convient.**

5 points

1. **John** often eats **cornflakes**. ....
2. **My brother** sometimes helps **my father**. ....
3. Does **your mother** like **perfumes**? ....
4. **Steve** loves **Vanessa**. ....
5. **I** like **chocolate**. ....

3 ★★★ **Complète avec le pronom personnel qui convient.**

5 points

1. My parents are nice. I love ....
2. This cake is not good. I don't want to eat ....
3. My parents and I often go to the cinema at weekends. Cousin Peter sometimes comes with ....
4. Those vegetables are delicious. Give me more of ...., please.
5. Uncle John is very strict. I am afraid of ....

4 ★★★ **Relie les questions aux réponses qui leur correspondent.**

6 points

1. Does your mother like tea? ●	● a. Yes, I like it.
2. Do your parents like big cars? ●	● b. Yes, he likes her.
3. Do you like milk? ●	● c. Yes, she likes it.
4. Does your brother like Julie? ●	● d. Yes, they like them.
5. Do you like eggs? ●	● e. Yes, I like them.
6. Are you with your sister? ●	● f. Yes, I am with her.

TOTAL : ____ / 20 points

▶ Corrigés p. 87

8 Le cas possessif
It's Sophie's book

Dans cette fiche :

▶ Tu vas apprendre à former et à utiliser le cas possessif.

J'OBSERVE ET JE COMPRENDS

(1) Whose book is it? It is Sophie**'s**.

(2) Sandra**'s** book is different.

- Observe les mots en **gras** : ce sont des éléments qui permettent d'exprimer la possession.
- Dans les deux exemples, le possesseur est en première place. Il est « rattaché » à la « chose possédée », book, par « apostrophe s » ('s).
- (1) Le mot book n'est pas répété dans la réponse, il est sous-entendu.

J'APPRENDS

- **Cas possessif singulier**

Possesseur (sing.)	+	's	+	chose possédée.
Peter	+	's	+	boat.

Peter's boat. *Le bateau de Peter.*

- **Cas possessif pluriel**

Possesseurs (pluriel)	+	'	+	chose possédée.
My parents	+	'	+	car.

My parents' car. *La voiture de mes parents.*

- **Forme interrogative**

Pour demander *À qui est… ?*, on utilise le pronom whose suivi de la chose possédée.

Whose coat is this? *À qui est ce manteau ?*

J'APPLIQUE À toi !

Traduis les phrases suivantes.

1. La sœur de Steve est grande.

....

2. À qui sont ces chaussures ?

....

3. Les parents de mes cousins sont sympathiques.

....

JE M'ENTRAÎNE

❶ ★☆☆ Transforme les phrases suivantes comme dans l'exemple.

Ex. : Vanessa has got a bicycle. ➤ Whose bicycle is it?

1. John has got cats. ➤ ....
2. Her father has got a hat. ➤ ....
3. My parents have got a big house. ➤ ....
4. The Smiths have got a garden. ➤ ....
5. His uncle has got a niece. ➤ ....

5 points

❷ ★★☆ Remets les mots dans l'ordre.

1. pencil-case / it / whose / is / ? ➤ ....
2. the / house / not / ' / that / is / Garners ➤ ....
3. are / umbrellas / black / those / aunt / 's / my ➤ ....
4. pens / whose / ? / these / are ➤ ....

4 points

❸ ★★★ Relie les questions aux réponses correspondantes.

1. Whose trousers are these? ●	● a. Yes, this is his copybook.
2. Who is it? ●	● b. I think, it is Mary's.
3. Is this David's or Mary's cap? ●	● c. These are Paul's.
4. Whose scarf is this? ●	● d. This is my sister.
5. Are those shoes yours? ●	● e. No, they aren't mine.
6. Is this Steven's? ●	● f. It's the teacher's scarf.

6 points

❹ ★★★ Traduis.

1. À qui est cette maison ? ....
2. Cette maison est celle des Jackson.

....

3. Le jardin de ma mère est beau.

....

4. Les amis de mes parents sont gentils.

....

5. À qui sont ces lunettes ? ....

5 points

TOTAL : ______ / 20 points

➤ Corrigés p. 87

9 Les adjectifs et pronoms possessifs
It's my car!

Dans cette fiche :

- Tu vas revoir les adjectifs et les pronoms possessifs et tu vas apprendre à les utiliser.

J'observe et je comprends

(1) Look at this car! This is Sophie's car. This is **her** car. This is **hers**.
(2) It is **my** umbrella. It is **mine**.

- Observe les mots en **gras**. Her et my sont des adjectifs, hers et mine des pronoms possessifs.
- Tu remarques que ces adjectifs et ces pronoms expriment tous la possession (*sa voiture*, *la sienne*).

J'apprends

- Les **adjectifs** accompagnent un nom (her accompagne car).
- Les **pronoms** permettent de parler de personnes ou de choses sans les renommer (hers reprend Sophie's car).
- **Attention !** À la **3e personne** du singulier, on choisit l'adjectif ou le pronom possessif en fonction du **genre** (féminin, masculin ou neutre) du possesseur (celui qui possède), ce qui est différent du français.
  It's **his** car (la voiture appartient à un homme).
  It's **her** car (la voiture appartient à une femme).

	1re pers. sing.	2e pers. sing.	3e pers. sing. masc.	3e pers. sing. fém.	3e pers. sing. neutre	1re pers. plu.	2e pers. plu.	3e pers. plu.
adjectifs possessifs	my	your	his	her	its	our	your	their
pronoms possessifs	mine	yours	his	hers	–	ours	yours	theirs

J'applique — À toi !

Remplace les mots soulignés par un adjectif ou un pronom.

1. This is Vanessa's school bag. ➤ ……………………………………
2. These are your presents. ➤ ……………………………………
3. John's house is big. My house is not. ➤ ……………………………………

JE M'ENTRAÎNE

1 ★☆☆ Indique si les mots soulignés sont des adjectifs (A) ou des pronoms (P) dans les phrases suivantes.

5 points

1. Steven loves his parents. (..................)
2. This yellow car is hers. (..................)
3. Their parents are in America. (..................)
4. Mine is different. (..................)
5. I love you. (..................)

2 ★★☆ Remplace l'élément en gras par l'adjectif possessif qui convient.

5 points

1. I don't like **Tom's** attitude. ➤ ....
2. Cycling is **my parents'** hobby. ➤ ....
3. This beautiful house is **Mrs Smith's** house. ➤ ....
4. We have to save **our planet's** energy. ➤ ....
5. These girls are **Sandra's** sisters. ➤ ....

3 ★★☆ Complète ce dialogue avec les pronoms possessifs qui conviennent.

5 points

1. Sharon: Whose books are they? Susan, are they ....?
2. Susan: No, they are not ....!
3. Sharon: James, Caroline, are these books ....?
4. James and Caroline: Are you joking? They are not ....!
5. Sharon: Well then, I will ask John, they must be ....

4 ★★★ Traduis ce que disent Peter et Megan.

5 points

1. Peter : Ce n'est pas ma voiture. Steven, est-ce la tienne ?

....

2. Megan : Ce n'est pas mon lit. Non, ce n'est pas le mien !

....

TOTAL : ...... / 20 points

➤ Corrigés p. 88

10 Le comparatif d'égalité et de supériorité - *I'm taller than you*

Dans cette fiche :

▶ Tu vas apprendre à comparer des personnes ou des choses.

J'observe et je comprends

(1) Mr Douglas is **as** sporty **as** Mr Green.

(2) William is sport**ier than** his father.

- Observe les mots et les lettres en **gras** : ce sont les éléments qui permettent de comparer.
- (1) Comparatif d'égalité : Mr Douglas est aussi sportif que Mr Green.
- (2) Comparatif de supériorité : William est plus sportif que son père.

J'apprends

- **Comparatif d'égalité**
  Pour former le comparatif d'égalité :
  as + adjectif + as quel que soit l'adjectif.
  Roses are **as** beautiful **as** tulips.
- **Comparatif de supériorité des adjectifs courts**
  Pour former le comparatif de supériorité des adjectifs courts :
  adjectif + -er than.
  – Les adjectifs d'**une seule syllabe** : tall, small, big…
  John is taller **than** Steve.
  – Les adjectifs de deux syllabes **terminés par -y** : happy, crazy, lazy…
  John is happier **than** Steve.
- **Comparatif de supériorité des adjectifs longs** (2 syllabes et plus)
  Pour former le comparatif de supériorité des adjectifs longs :
  more + adjectif + than.
  Big cars are **more** expensive **than** small cars.
- **Attention !**
  Les adjectifs good et bad sont irréguliers au comparatif de supériorité.
  Good devient better than et bad devient worse than.

J'applique — À toi !

Mets ces adjectifs au comparatif d'égalité, puis de supériorité.

1. attractive ➤ ……………………………………………
2. warm ➤ ……………………………………………

1 ★☆☆ Les adjectifs suivants sont tous au comparatif de supériorité. Retrouve l'adjectif de base comme dans l'exemple.

Ex. : sportier ➤ sporty

1. easier ➤	6. worse ➤ ....
2. better ➤	7. thinner ➤ ....
3. warmer ➤	8. funnier ➤ ....
4. heavier ➤	9. taller ➤ ....
5. bigger ➤	10. crazier ➤ ....

5 points

2 ★☆☆ Classe les adjectifs selon qu'ils sont courts ou longs, puis souligne ceux qui sont irréguliers.

pretty – long – amusing – slim – good – expensive – funny – bad

1. Adjectifs courts ➤ ....
2. Adjectifs longs ➤ ....

5 points

3 ★★☆ Complète les phrases suivantes en mettant l'adjectif entre parenthèses au comparatif d'égalité (=) ou de supériorité (>).

1. = Dancing is (exciting) .... reading.
2. > A dog is (fast) .... a cat.
3. > A car is (expensive) .... a bike.
4. = France is (beautiful) .... Italy.
5. > I am (good) .... you.
6. > New York is (big) .... London.

6 points

4 ★★★ Fais deux phrases avec les éléments proposés.

Ex. : John / Mark / tall ➤ Is John taller than Mark? ➤ No, Mark is as tall as John.

1. Linda / Sue / intelligent

....

2. Will Smith / Charlie Chaplin / funny

....

4 points

TOTAL : ____ / 20 points

➤ Corrigés p. 88

11 *Le superlatif* *I'm the best*

Dans cette fiche :

▶ Tu vas apprendre à former et à utiliser le superlatif.

J'OBSERVE ET JE COMPRENDS

She is the **nicest**, the **prettiest** and the **most intelligent** girl I have ever met.

- Observe les mots en **gras**. Ce sont des adjectifs au superlatif.
- Tu remarques qu'ils sont tous précédés de l'article **the**.
- Comme pour le comparatif (voir fiche 10), le superlatif ne se forme pas de la même manière pour les adjectifs courts (nice, pretty) ou longs (intelligent).

J'APPRENDS

- **Adjectifs courts** (1 syllabe ou 2 syllabes terminés en -y)
  The + **adjectif** + **-(i)est**
  Dave is **the youngest** in the family.
  He is **the messiest** boy in the family.
- **Autres adjectifs**
  The most + **adjectif**
  It's **the most expensive** car.
- **Attention !** Les adjectifs good et bad sont **irréguliers**.
  – good ➤ **the best**
  – bad ➤ **the worst**

  Les composés de good et bad (good-looking / *beau, belle*) et les expressions avec good et bad (good at / *bon en* ; bad at / *mauvais en*) suivent la même règle.

  She is **the best-looking** girl in her class. *C'est la plus jolie (fille) de sa classe.*
  He is **the worst** at tennis. *C'est le plus mauvais au tennis.*

J'APPLIQUE – À toi !

Mets les adjectifs suivants au superlatif.

1. busy ➤ ....
2. attractive ➤ ....
3. small ➤ ....
4. good ➤ ....

JE M'ENTRAÎNE

1 ★★★ Mets les adjectifs au superlatif, puis classe-les.

1. sporty ➤ ....
2. great ➤ ....
3. funny ➤ ....
4. cheap ➤ ....
5. expensive ➤ ....
6. amusing ➤ ....
7. tall ➤ ....
8. interesting ➤ ....

8 points

Adjectifs courts : ....

Autres adjectifs : ....

2 ★★★ Retrouve l'adjectif de base.

3 points

1. the rudest ➤ ....
2. the lowest ➤ ....
3. the worst ➤ ....
4. the fastest ➤ ....
5. the messiest ➤ ....
6. the best ➤ ....

3 ★★★ Complète le tableau.

adjectifs de base	adjectifs au comparatif	adjectifs au superlatif
heavy		
	better than	
		the most elegant
good-looking		
		the worst
	more important than	

6 points

4 ★★★ Traduis.

1. Charles est le meilleur élève de sa classe.

....

2. Angela est la plus bavarde (*talkative*).

....

3. Le français est plus difficile (*difficult*) que l'anglais.

....

3 points

TOTAL : ______ / 20 points

➤ Corrigés p. 88

12 Les quantifieurs (1)
Some water?

Dans cette fiche :

▶ Tu vas apprendre à utiliser some, any et not any.

J'OBSERVE ET JE COMPRENDS

(1) I want **some** sugar in my coffee, please.
(2) Do you want **some** milk?
(3) Is there **any** milk in the fridge?
(4) He does **not** want **any** animals in his house.

- Observe ces phrases. On ne connaît pas exactement la quantité des éléments dont on parle (*du sucre, du lait, pas d'animaux*).
- (1) et (2) Some permet de dire qu'il y a du sucre (1) ou qu'il y a du lait (2).
- (3) Avec any, on veut savoir s'il y a du lait.
- (3) Not any permet de dire qu'il n'y a pas d'animaux (il n'en veut pas chez lui).

J'APPRENDS

- **Some**
  Some indique l'**existence** d'une certaine quantité.
  There is **some** milk in the fridge. (*Il y en a.*)
- **Not any**
  Not any exprime l'**absence** d'une quantité.
  There is**n't any** milk in the fridge. (*Il n'y en a pas.*)
- **Any**
  Any permet de se **renseigner** sur l'**existence** d'une quantité.
  Is there **any** milk in the fridge? (*Y en a-t-il ?*)

J'APPLIQUE — À toi!

Indique si tu utiliserais some, any ou not any en traduisant ces phrases.

1. Il n'y a pas de circulation dans les rues. ☐ some ☐ any ☐ not any
2. Y a-t-il des fruits dans ce magasin ? ☐ some ☐ any ☐ not any
3. Il ne veut pas de voisins bruyants. ☐ some ☐ any ☐ not any
4. Est-ce que je peux avoir du fromage ? ☐ some ☐ any ☐ not any

1 ★★★ Remets les mots dans le bon ordre et rétablis les majuscules en début de phrase.

1. are / oranges / there / any / ?

....

2. aren't / any / apples / there / .

....

3. have / can / some / I / please / butter / ?

....

4. you / got / any / money / have / .

....

5. some / they / want / chocolate / .

....

/10 points

2 ★★★ Complète les phrases suivantes avec *some* ou *any*.

1. Have you got .... friends?
2. I don't want .... toast for breakfast.
3. Do you want .... coffee?
4. He can see .... animals in his garden.

/4 points

3 ★★★ Relie les questions aux réponses qui leur correspondent.

1. Do you want some sweets? ●	● a. Yes, they want some.
2. Are there any oranges in the fridge? ●	● b. No, thank you.
3. Do they want some chocolate? ●	● c. Yes, there are.
4. Are there any cats here? ●	● d. Yes, but there aren't any bananas.

/4 points

4 ★★★ Traduis.

1. Je veux du fromage mais pas de pain.

....

2. Elle n'a pas rencontré d'amis.

....

/2 points

TOTAL : ______ /20 points

▶ Corrigés p. 88

13 Les quantifieurs (2)
A little milk, please

Dans cette fiche :

- Tu vas apprendre à exprimer des quantités approximatives (*un peu*, *beaucoup*, etc.).
- Tu vas aussi revoir les noms dénombrables et indénombrables.

J'observe et je comprends

(1) **How much** sugar do you want in your coffee? I want **a little** sugar, please. Not **much**!

(2) **How many** biscuits do you want? I want **a few** biscuits, please. Not **many**!

- Observe les mots en caractères **gras** : ce sont des quantifieurs. Ils permettent d'exprimer des quantités.

J'apprends

- Pour **choisir** un quantifieur, il faut d'abord savoir si le nom qu'il accompagne est dénombrable ou indénombrable.
- Un nom **dénombrable** est un nom qu'**on peut quantifier**, compter (cats, apples, cars, etc.).
  I have got many books.
  How many sisters and brothers have you got?
- Un nom **indénombrable** est un nom qu'**on ne peut pas quantifier, compter** (milk, water, bread, etc.).
  There's a little milk in the fridge.
  How much cheese do you want?

dénombrable	indénombrable	traduction
few	little	peu, presque pas
a few	a little	un peu
not many	not much	pas beaucoup
many, a lot of, lots of	much, a lot of, lots of	beaucoup
How many?	How much?	Combien ?

J'applique — À toi !

Traduis les mots soulignés.

1. Il y a de l'eau sur la table. ➤ ……………………
2. Je ne veux pas beaucoup de pommes. ➤ ……………………
3. Combien d'enfants y a-t-il dans ta classe ? ➤ ……………………
4. Il a peu d'argent. ➤ ……………………

JE M'ENTRAÎNE

1 ★★★ Classe les mots suivants selon qu'ils sont dénombrables ou indénombrables.

sugar – cats – tea – children – cheese – money – coins – animals – hair – milk – oranges – bottles – vegetables – meat – ham – jam.

1. Dénombrables : ……………………………………………………

……………………………………………………………………

2. Indénombrables : ……………………………………………………

……………………………………………………………………

8 points

2 ★★★ Complète les phrases suivantes avec le quantifieur qui convient.

1. How …………… animals have you got? Not …………… …………….
2. He doesn't want …………… sugar in his tea. Just …………… …………….
3. How …………… cheese do you want? Not …………… ……………, just …………….
4. Are there …………… bottles of wine in this shop? Yes, there are …………… of them.
5. It is good to eat …………… vegetables but not …………… …………… meat.
6. You must drink …………… water when it is hot.

6 points

3 ★★★ Traduis les éléments soulignés.

1. Donne-moi un peu de champignons (*mushrooms*), s'il te plaît. Pas beaucoup.

……………………………………………………………………

2. Je voudrais un peu de saumon (*salmon*) et beaucoup de pâtes (*pasta*).

……………………………………………………………………

3. Il y a beaucoup de fleurs (*flowers*) et peu de plantes (*plants*) dans ce magasin.

……………………………………………………………………

6 points

TOTAL : ……… / 20 points

▶ Corrigés p. 89

Bilan 2 Grammaire du groupe nominal

TEST

Coche la bonne case quand tu as trouvé la réponse. Il n'existe qu'une seule possibilité. Chaque bonne réponse vaut 2 points.

1 Je suis un article indéfini. Trouve-moi.

2 points

a. ☐ Look at **this** car!
b. ☐ I want **an** ice-cream, please.
c. ☐ Here is **your** book!
d. ☐ Give me **my** umbrella.

2 Je suis un démonstratif. Trouve-moi.

2 points

a. ☐ **The** table is black.
b. ☐ I'd like **an** apple, please.
c. ☐ **These** boys are cousins.
d. ☐ It's **his** book.

3 Trouve le pronom personnel complément.

2 points

a. ☐ **I** like dancing.
b. ☐ **She** is a singer.
c. ☐ **They** are 10.
d. ☐ Look at **me**!

4 Quel pronom pourrait remplacer *My parents* dans *My parents are at home* ?

2 points

a. ☐ they
b. ☐ theirs
c. ☐ them
d. ☐ he

5 Trouve le cas possessif.

2 points

a. ☐ Sue's dancing.
b. ☐ Sue's got a nice house.
c. ☐ This is Sue's house.
d. ☐ I like Sue.

6 Quelle question porte sur la possession ?

2 points

a. ☐ Whose car is it?
b. ☐ Who is it?
c. ☐ Do you know him?
d. ☐ How are you?

7 Je suis un adjectif possessif. Trouve-moi.

2 points

a. ☐ **I** am a good pupil.
b. ☐ I love **my** parents.
c. ☐ This cat is **mine**.
d. ☐ Where is **it**?

8 Quel pronom possessif pourrait remplacer *Steve's bed* dans *This is Steve's bed* ?

2 points

a. ☐ his
b. ☐ hers
c. ☐ ours
d. ☐ yours

9 Que devient l'adjectif *small* au comparatif de supériorité ?

2 points

a. ☐ more small than
b. ☐ the smallest
c. ☐ smaller than
d. ☐ smaller that

10 Dans quelle phrase y a-t-il le moins de voitures ?

2 points

a. ☐ many cars
b. ☐ some cars
c. ☐ not any cars
d. ☐ a few cars

TOTAL : ____ / 20 points

▶ *Corrigés p. 89*

14 Be et have got
I am 12. I've got a cat

Dans cette fiche :

- Tu vas revoir be en tant que verbe et auxiliaire, au présent et au passé.
- Tu vas aussi revoir have got, qui permet d'exprimer ce que l'on a.

J'OBSERVE ET JE COMPRENDS

(1) I **am** a pupil. I **am** twelve years old.
(2) My father **is** work**ing** at the moment.
(3) How many brothers and sisters **have you got**? **I've got** two sisters.

- Be peut être un verbe (1) ou être utilisé comme auxiliaire pour former le présent en be + -ing (2). (Voir fiche 15.)
- (3) Have got permet de dire ce que l'on possède.

J'APPRENDS

- **Le verbe be**
  - On utilise be, entre autres, pour parler de l'âge et pour traduire **il y a** (there is + singulier / there are + pluriel). **There are** / **were** two boys over there. *Il y a / avait deux garçons là-bas.*
  - Conjugaison de **be** au **présent** :

formes affirmatives	formes négatives	formes interrogatives
I am	I am not	Am I…?
you are	you are not	Are you…?
he / she / it is	he / she / it is not	Is he / she / it…?
we / you / they are	we / you / they are not	Are we / you / they…?

  - Conjugaison de **be** au **passé** (voir page 95).

- **Conjugaison de have got au présent**

I / you / we / they have got	I / you / we / they / have not got	Have I / you / we / they got ?
he / she / it has got	he / she / it has not got	Has he / she / it got?

Au passé, on utilise le verbe to have (I had, you had…).

J'APPLIQUE — À toi!

Complète avec be ou have got.

1. How old .... Paul? He .... 13.

2. .... he .... any brothers ? No, he ....

1 ★★★ Mets ces phrases à la forme interrogative (?) ou négative (–).

1. My teacher is English.
(?) ....

2. There are nice pubs in England.
(–) ....

3. He has got three children.
(?) ....

4. Susan was at school yesterday.
(–) ....

5. They are from New York.
(?) ....

5 points

2 ★★★ Recopie le verbe en le mettant au passé (prétérit).

1. My parents **have got** a nice villa in France. ➤ ....
2. Steve and Mark **are** at home. ➤ ....
3. **Is** Julie a friend of yours? ➤ ....
4. My cousins **aren't** French. ➤ ....
5. There **are** many people at the party. ➤ ....

5 points

3 ★★★ Complète avec *be*, *have got* ou *haven't got* au présent.

1. Martha .... 32 years old.
2. She .... a teacher. She works in London.
3. She .... two children.
4. They .... 9 and 12.
5. She .... any animals.
6. She .... allergic to them!
7. Martha's husband .... not a teacher.
8. He .... a pianist.
9. He .... a very old piano.
10. Martha loves the piano and she .... her husband's fan.

10 points

TOTAL : .... / 20 points

➤ *Corrigés p. 89*

15 Les deux présents
I work / I am working

Dans cette fiche :

▶ Tu vas revoir les deux présents : le présent simple et le présent en be + -ing.

J'OBSERVE ET JE COMPRENDS

(1) Mark **is** a bus driver. He **works** in London.
(2) Mark **is driving** his bus. He **is working** at the moment.

✔ Toutes ces phrases sont traduites par un seul et même temps en français : le présent. Pourtant, deux temps différents sont utilisés en anglais : le présent simple (1) et le présent en be + -ing (2).

J'APPRENDS

✔ **Le présent simple**
On l'utilise pour parler :
– de ses goûts et de ses sentiments (I love you) ;
– des habitudes, des généralités (I get up at 7 every day) ;
– de ce qu'on fait ou sait faire dans la vie (He teaches French).

Attention, tu as besoin de **l'auxiliaire do / does** pour les phrases négatives et interrogatives au présent simple.

formes affirmatives	formes négatives	formes interrogatives
I / you / we / they work	I / you / we / they do not work	Do I / you / we / they work...?
he /she / it works	he / she / it does not work	Does he / she / it work...?

✔ **Le présent en be + -ing**
On l'utilise pour parler de **ce qui se passe au moment où l'on parle**.

I am working	I am not working	Am I working...?
you are working	you are not working	Are you working...?
he / she / it is working	he /she / it is working	Is he / she / it working...?
we / you / they are working	we / you / they are not working	Are we / you / they working...?

J'APPLIQUE — À toi!

Indique à quel temps tu traduirais les phrases suivantes.

1. Ian collectionne les araignées. ....

2. Écoute ! Maman joue du piano. ....

JE M'ENTRAÎNE

1 ★ Conjugue les éléments suivants au présent simple puis au présent en *be* + *-ing*, comme dans l'exemple.

Ex. : I / work ➤ I work ➤ I am working

1. She / sing ➤ …… ➤ ……
2. They / run ➤ …… ➤ ……
3. He / sleep ➤ …… ➤ ……
4. I / go ➤ …… ➤ ……
5. You / walk ➤ …… ➤ ……

5 points

2 ★★ Transforme les phrases suivantes en phrases négatives (–) ou interrogatives (?).

1. (?) She works in a hospital. ➤ ……
2. (–) She is working. ➤ ……
3. (?) They live in France. ➤ ……
4. (–) My parents are sleeping. ➤ ……
5. (?) Michael is in Australia. ➤ ……

5 points

3 ★★ Écris les verbes suivants à la 3e personne du singulier au présent simple.

1. go ➤ he ……
2. have ➤ she ……
3. work ➤ it ……
4. be ➤ he ……
5. do ➤ she ……

5 points

4 ★★★ Choisis entre les deux présents et mets les verbes entre parenthèses à la forme voulue.

1. Look! It (snow) …….
2. What time (get up) …… you …… every day?
3. John is not here. He (shop) …….
4. What (do) …… she ……?
5. I (walk) …… to school in the morning.

5 points

TOTAL : ―― / 20 points

➤ Corrigés p. 89

16 Le prétérit simple
Did you like it?

Dans cette fiche :

▶ Tu vas revoir le prétérit des verbes réguliers et irréguliers.

J'OBSERVE ET JE COMPRENDS

(1) **Did** you **enjoy** your weekend in London?

(2) No, I **didn't**.

(3) I **hated** it because I **lost** my purse.

- Ces phrases permettent de parler d'un événement passé et terminé : un week-end à Londres qui a déjà eu lieu. Elles sont donc au prétérit simple.
- Observe les mots en **gras**. Ce sont les trois formes verbales au prétérit : interrogative (1), négative (2), affirmative (3).

J'APPRENDS

- À la **forme affirmative**, le prétérit se forme différemment selon que le verbe est **régulier** ou **irrégulier**.
  - Les verbes **réguliers** se forment avec **-ed**. I work**ed** (verbe to work).
  - Les verbes **irréguliers** ont tous une forme particulière. Il faut les apprendre par cœur. I lost (verbe to lose). (Voir p. 94.)
- Pour les verbes **irréguliers**, seule la forme affirmative est irrégulière. Les formes **négatives** et **interrogatives** se forment avec l'auxiliaire **did**. **Did** you lose your purse? I **didn't** lose my purse.
- **Prétérit des verbes réguliers** (ex. : **to enjoy**, s'amuser)

formes affirmatives	formes négatives	formes interrogatives
I / you / he / she / it / we / they enjoy**ed**	I / you / he / she / it / we / they **did not** / **didn't** enjoy	**Did** I / you / he / she / it / we / they enjoy?

- **Prétérit des verbes irréguliers** (ex. : **to lose**, perdre)

I / you / he / she / it / we / they **lost**	I / you / he / she / it / we / they **did not** / **didn't** lose	**Did** I / you / he / she / it / we / they lose?

J'APPLIQUE

À toi !

Transforme la phrase suivante en phrase interrogative, puis en phrase négative.

Laura watched TV yesterday. ....

....

JE M'ENTRAÎNE

1 ★★★ En t'aidant de la liste des verbes irréguliers page 94, mets les verbes à la forme négative, comme dans l'exemple.

Ex. : I saw ➤ I didn't see.

1. I helped ➤ ....
2. I sang ➤ ....
3. I danced ➤ ....
4. I was ➤ ....
5. I came ➤ ....
6. I listened ➤ ....
7. I went ➤ ....
8. I opened ➤ ....

4 points

2 ★★★ Souligne les verbes irréguliers.

I helped – I sang – I danced – I was – I came –
I listened – I went – I opened

À quoi reconnais-tu les verbes réguliers ? ....

4 points

3 ★★★ Mets les verbes à la forme interrogative.

Ex. : I saw ➤ Did you see?

1. I helped ➤ ....
2. I sang ➤ ....
3. I danced ➤ ....
4. I was ➤ ....
5. I came ➤ ....
6. I listened ➤ ....
7. I went ➤ ....
8. I opened ➤ ....

4 points

4 ★★★ Mets les phrases suivantes au prétérit.

1. Does he like tomatoes? ➤ ....
2. She is not my friend. ➤ ....
3. I don't want any animals. ➤ ....
4. We aren't cousins. ➤ ....

4 points

5 ★★★ Relie les questions aux réponses qui leur correspondent.

1. Where did you go last weekend? ●
2. Did you enjoy your holidays? ●
3. Who was with you last Sunday? ●
4. Were you at home yesterday? ●

● a. Michael was.
● b. Yes, I was.
● c. We went to the beach.
● d. Yes, I did.

4 points

TOTAL : ____ / 20 points

➤ *Corrigés p. 89*

17 Le prétérit en be + -ing
He was sleeping when I arrived

Dans cette fiche :

- Tu vas revoir le prétérit en be + -ing.
- Tu vas aussi apprendre à distinguer le prétérit simple du prétérit en be + -ing.

Sandra **was** hav**ing** breakfast when the telephone **rang**.

- Observe les mots en **gras**. Il s'agit de deux verbes conjugués à deux temps différents.
- Le premier verbe (was having), décrit ce que Sandra était en train de faire à un moment précis du passé, le moment où le téléphone a sonné (rang).

- Le prétérit en be + -ing permet de **décrire une action du passé**.
- Pour former le prétérit en be + -ing, on conjugue **be au prétérit** et on **ajoute -ing** à la base du verbe que l'on utilise. I **was** eat**ing**.
- Be est ici **auxiliaire**, c'est donc lui qui porte la négation et qui se déplace dans les questions. **Were** you singing? He **wasn't** talking.
- **Prétérit en be + -ing** (ex. : to sing, *chanter*)

formes affirmatives	formes négatives	formes interrogatives
I was singing	I was not singing	Was I singing?
you were singing	you were not singing	Were you singing?
he, she, it was singing	he, she, it was not singing	Was he, she, it singing?
we were singing	we were not singing	Were we singing?
you were singing	you were not singing	Were you singing?
they were singing	they were not singing	Were they singing?

Indique à quel temps tu traduirais les verbes soulignés : prétérit simple (S) ou prétérit en be + -ing (B).

1. Sean <u>lisait</u> quand sa mère arriva. ☐ S ☐ B
2. Que faisait-il quand tu l'<u>as vu</u>? ☐ S ☐ B
3. Quand le train s'arrêta, les enfants <u>dormaient</u>. ☐ S ☐ B

JE M'ENTRAÎNE

❶ ★★★ Conjugue les éléments suivants au prétérit en *be* + *-ing*.

Ex. : She / work ➤ She was working.

1. They / run ➤ ....
2. He / drive ➤ ....
3. I / sing ➤ ....
4. We / read ➤ ....
5. You / write ➤ ....

5 points

❷ ★★★ Complète les phrases suivantes en conjuguant les verbes entre parenthèses au prétérit simple ou au prétérit en *be* + *-ing*. (Vérifie le prétérit du verbe signalé par * page 94).

1. My mother (read) .... when the telephone (ring*) ....
2. What (do) .... you .... when she (arrive) ....?
3. When my mother (call) .... me, I (sleep) ....
4. When I (see*) .... him, he (phone) ....
5. The train (stop) .... when the children (sleep) ....

5 points

❸ ★★★ Remets les phrases du dialogue suivant dans l'ordre.

1. I went to the seaside.
2. What were you doing when I called you?
3. It was a nightmare (*un cauchemar*). It rained all the time!
4. I hope I didn't wake her up.
5. Where did you go last weekend?
6. I went there with my sister.
7. I was having breakfast and my sister was sleeping.
8. Who did you go there with?
9. No, you didn't. Don't worry!
10. What was the weather like that weekend?

Ordre : ....

10 points

TOTAL : ____ / 20 points

➤ *Corrigés p. 90*

18 L'expression de l'avenir
I will be an actor

Dans cette fiche :

▶ Tu vas apprendre plusieurs manières d'exprimer un événement futur.

J'OBSERVE ET JE COMPRENDS

(1) If it rains tomorrow, Sophie **will go** to the cinema.
(2) Look at the sky! It's **going to** rain.
(3) We**'re leaving** tomorrow.

✓ Les mots en **gras** correspondent à trois manières différentes d'exprimer un événement futur en anglais : avec l'auxiliaire will (1) ; avec be going to (2) ; avec le présent en be + -ing (3).

J'APPRENDS

✓ **Futur avec will**
On emploie will pour des **événements certains** ou dans des **constructions avec if**. She **will** be 14 next week.

phrases affirmatives	phrases négatives	phrases interrogatives
I / you / he / she / it / we / they will / 'll go	I / you / he / she / it / we / they will not / won't go	Will I / you / he / she / it / we / they go…?

En anglais britannique, on peut aussi employer **shall** (au lieu de will) aux 1res personnes du singulier et du pluriel (I et we).
We **shall** see you next Friday.

✓ **Futur avec be going to**
On emploie be going to pour parler d'**intentions** ou pour **prédire** un événement futur à partir d'une circonstance présente.
We **are going to** fly to Ireland next summer.

✓ **Futur avec le présent en be + -ing**
Associé à un mot qui évoque l'avenir (tomorrow, *demain* ; next Monday, *lundi prochain*), ce temps prend un sens futur.
I **am cooking** next Monday.

J'APPLIQUE — À toi !

Indique la forme du futur qui convient pour traduire ces phrases.

1. (Ça sent le brûlé) Le gâteau va brûler. ➤ ....
2. Noël sera un mardi cette année. ➤ ....
3. Nous partons demain. ➤ ....

JE M'ENTRAÎNE

1 ★★★ **Complète ces phrases au futur avec *will*.**

1. Helen (be) .... 14 next Sunday.
2. She (give) .... a birthday party at her house.
3. Her parents (be) .... not .... at home.
4. She (have) .... a good time.

4 points

2 ★★★ **Réécris à la forme interrogative (?) ou négative (–).**

1. Mary's parents will go to London for Christmas.
(?) ....
2. My mother is going to make an apple pie.
(–) ....
3. Joan's parents are leaving tomorrow.
(?) ....
4. They'll invite us to the party.
(–) ....

8 points

3 ★★★ **Réponds en utilisant les éléments entre parenthèses.**

1. When will Steve call me? (tomorrow evening)
....
2. Who is Sue going to invite for Christmas? (her parents)
....
3. Where are the Garners going next weekend? (to Paris)
....
4. When are you leaving? (this afternoon)
....

4 points

4 ★★★ **Utilise *will* ou *won't* pour traduire ces phrases.**

1. Tu ne seras pas à l'école demain.
....
2. Ta mère fera un gâteau dimanche prochain.
....

4 points

TOTAL : ____ / 20 points

▶ *Corrigés p. 90*

19 La modalité : may, can, must et have to
Can you swim?

Dans cette fiche :

- Tu vas revoir les auxiliaires modaux may, can et must et le verbe de modalité have to.

J'OBSERVE ET JE COMPRENDS

(1) **May** I open the window, please? Yes, you **may**. **Can** I go out tonight? No, you **can't**.

(2) You **must** do your homework every day. You **have to** do your homework every day.

- Observe les mots en **gras**. Ce sont des auxiliaires modaux.
- (1) May et can expriment la notion de permission.
- (2) Must et have to expriment la notion d'obligation.

J'APPRENDS

- **Les auxiliaires de modalité (ou modaux) : may, can, must**
  - En tant qu'**auxiliaires** : ils « portent » la **négation** et se déplacent dans les questions. You can't go. May I come?
  - En tant que **modaux** : ils ajoutent une **notion**, un **sens** au verbe ; ils sont suivis de la **base verbale** (I can **swim**) ; ils sont **invariables** (I can, you can, he can, etc.).
- **Le verbe de modalité : have to**

  Have to permet d'exprimer l'**obligation**, comme must. Il se conjugue à tous les temps. You have to work now.

permission autorisation	**can**	Can I go out tonight? No, you can't.
	may	May I open the window? Yes, you may.
refus de permission interdiction	**cannot (can't)**	You cannot go out tonight. You can't go out tonight.
	must not (mustn't)	You must not go out tonight. You mustn't go out tonight.
obligation	**must**	You must stay in bed.
	have to	You have to stay in bed.

J'APPLIQUE — À toi !

Indique le modal que tu utiliserais pour traduire ces phrases.

1. Peut-il aller à l'école tout seul ? ➤ ....
2. Tu ne dois pas répondre à tes parents. ➤ ....

JE M'ENTRAÎNE

1 ★★★ Relie les formes pleines aux formes contractées qui leur correspondent.

5 points

1. will not	a. can't
2. must not	b. 'll have to
3. cannot	c. won't
4. will have to	d. mustn't
5. will	e. 'll

2 ★★★ Complète les phrases suivantes avec *must*, *mustn't*, *can* ou *can't*.

5 points

1. She .... go to the party. Her parents said 'yes'!
2. She .... be at home before midnight. Her parents are strict.
3. .... I go to the bathroom, please?
4. Pupils .... be late at school.
5. My English teacher .... speak English very well.

3 ★★★ Transforme les phrases suivantes en questions (?) ou en phrases négatives (–).

10 points

1. Children must be quiet in class.
(?) ....
2. I have to wake up early tomorrow.
(–) ....
3. They can ski very well.
(?) ....
4. Tom had to work yesterday.
(–) ....
5. I will have to stop smoking.
(?) ....

TOTAL : ____ / 20 points

▶ Corrigés p. 90

20 Le nom verbal (bv + -ing), ou gérondif
I love dancing

Dans cette fiche :

- Tu vas revoir une forme verbale que l'on appelle nom verbal ou gérondif.

J'observe et je comprends

(1) **Reading** is my favourite hobby.

(2) But I like **swimming**, **listening** to music and **shopping** too!

- Observe les mots en **gras**. Ce sont des verbes utilisés comme des noms, que l'on appelle noms verbaux. Ils évoquent tous une action (reading, la lecture ; swimming, la natation, etc.) mais occupent dans la phrase la place d'un nom.
- Tu remarques que reading est sujet (1) et que swimming, listening et shopping sont COD (2).

J'apprends

- Les noms verbaux sont des **verbes utilisés comme noms**.
- Le nom verbal ou gérondif est une **base verbale** à laquelle on ajoute **-ing**.
  read (*lire*) ➤ reading (*la lecture*)
- Les noms verbaux évoquent une **action** mais occupent dans la phrase la **place d'un nom**.
- **Emploi des noms verbaux**
  – Après des verbes qui expriment des goûts (like, enjoy, love, hate…).
  I **love** dancing. *J'adore danser.*
  – Après des prépositions (good at, bad at, etc.).
  He's very bad **at** driving. *Il conduit très mal.*
  – En position de sujet.
  Playing tennis is difficult. *Le tennis est (un sport) difficile.*

J'applique — À toi !

Complète les phrases suivantes avec un gérondif.

1. Jim hates (cook) ....
2. (read) .... is my favourite hobby.
3. Do you like (swim) ....?

JE M'ENTRAÎNE

① ★★★ Transforme ces verbes en noms verbaux, puis traduis-les.

Ex. : swim ➤ swimming ➤ nager, la natation

1. read ➤ .... ➤ ....
2. cook ➤ .... ➤ ....
3. dance ➤ .... ➤ ....
4. draw ➤ .... ➤ ....
5. paint ➤ .... ➤ ....

5 points

② ★★★ Remets les mots suivants dans le bon ordre.

1. in / Zoe / the / is / kitchen / cooking / .

....

2. is / favourite / playing rugby / his / hobby / .

....

3. you / ? / do / surfing / prefer / skiing / or

....

4. wants / to / you / he / a / ask / question / .

....

5 points

③ ★★★ Complète ces phrases avec un gérondif.

1. My parents love (go) .... to the countryside.
2. I like (dance) ....
3. (play) .... an instrument is not easy.
4. He doesn't like (study) ....
5. They hate (sing) ....

5 points

④ ★★★ Traduis les phrases suivantes.

1. J'aime bien le surf mais je déteste le ski.

....

2. Est-ce que tu veux danser ?

....

5 points

TOTAL : ____ / 20 points

➤ *Corrigés p. 90*

Bilan 3 Grammaire du groupe verbal

TEST

Coche la bonne case quand tu as trouvé la réponse. Il n'existe qu'une seule possibilité. Chaque bonne réponse vaut 2 points.

1 La forme contractée de *they are not* est :

2 points

a. ☐ they are n't
b. ☐ they'renot
c. ☐ they aren't
d. ☐ the'y are not

2 Pour traduire *Il y a* dans *Il y a un bus dans la rue*, tu dirais :

2 points

a. ☐ There is a bus in the street.
b. ☐ There are a bus in the street.
c. ☐ They're a bus in the street.
d. ☐ There a bus in the street.

3 Quelle phrase serait au présent en *be* + *-ing* en anglais ?

2 points

a. ☐ Elle est professeur.
b. ☐ Elle enseigne le français à Oxford.
c. ☐ Elle travaille tous les jours.
d. ☐ Elle travaille à l'heure qu'il est.

4 Je suis un verbe régulier au prétérit simple. Trouve-moi.

2 points

a. ☐ I **was** at school yesterday.
b. ☐ I **worked** yesterday.
c. ☐ She **is** dancing.
d. ☐ You **must** write to her.

5 Je suis un verbe au prétérit en *be* + *-ing*. Trouve-moi.

2 points

a. ☐ **Dancing** is my favourite hobby.
b. ☐ He **is dancing** with his sister.
c. ☐ I **was dancing** when you arrived.
d. ☐ Do you want **to dance**?

6 Je suis un auxiliaire modal qui exprime l'avenir. Trouve-moi.

2 points

a. ☐ I **won't** come tomorrow.
b. ☐ You **must** listen!
c. ☐ **Can** you drive?
d. ☐ He **doesn't** like whisky.

7 Lequel de ces mots en *-ing* est un gérondif (ou nom verbal)?

2 points

a. ☐ Are you **working**?
b. ☐ Do you like **fishing**?
c. ☐ They **sing** every day.
d. ☐ He was **sleeping** when I rang.

8 Quelle phrase exprime la permission?

2 points

a. ☐ You must come.
b. ☐ You will come.
c. ☐ You have to come.
d. ☐ You can come.

9 Dans quelle question l'ordre des mots avec *have got* est-il correct?

2 points

a. ☐ Have they a cat got?
b. ☐ They have got a cat?
c. ☐ Have they got a cat?
d. ☐ Have got they a cat?

10 Quelle affirmation est vraie?

2 points

a. ☐ Il y a deux présents en anglais et un seul en français.
b. ☐ Il y a deux présents en anglais et en français.
c. ☐ Il y a un présent en anglais et en français.
d. ☐ Il y a deux présents en français et un seul en anglais.

TOTAL : ____ / 20 points

► Corrigés p. 91

21 Les trois types de phrase
Does she like football?

Dans cette fiche :

- Tu vas revoir les trois types de phrase les plus courants en anglais : affirmative, négative et interrogative.

J'observe et je comprends

(1) Mark likes football. (2) Mark **doesn't** like football. (3) **Does** Mark like football? Yes, he **does**. / No, he **doesn't**.

(4) Vanessa **is** English. (5) Vanessa **isn't** English. (6) **Is** Vanessa English? Yes, she **is**. / No, she **isn't**.

- (1), (2) et (3) Il s'agit de la même phrase aux formes affirmative (1), négative (2) et interrogative (3). La phrase (3) est suivie des deux réponses possibles à la question posée.
- (2) et (3) L'auxiliaire do apparaît sous les formes doesn't et does.
- (3) Dans les questions, on ajoute l'auxilaire (ici, Does) au début de la phrase.
- (4), (5) et (6) Avec le verbe be, il n'y a pas d'auxiliaire.

J'apprends

- Les **auxiliaires** (do, did, be, have, can, etc.) sont **indispensables** pour former des phrases négatives et interrogatives avec tous les verbes et à tous les temps de l'anglais.
- **Phrases affirmatives**
  Sujet + (auxiliaire) + verbe. She likes bananas. He is working.
  Avec le verbe be ➤ sujet + verbe be. He is 10 years old.
- **Phrases négatives**
  Sujet + auxiliaire + not + verbe. She doesn't like bananas.
  Avec le verbe be ➤ sujet + verbe be + not. He is not 10 years old.
- **Phrases interrogatives**
  Auxiliaire + sujet + verbe. Does she like bananas?
  Avec le verbe be ➤ verbe be + sujet. Is he 10 years old?

J'applique — À toi !

Transforme ces phrases en questions.

1. His father is an architect. ....

2. Her mother works in Boston. ....

JE M'ENTRAÎNE

❶ ★★★ Trouve et recopie, dans le texte suivant, trois phrases affirmatives, une phrase négative et une interrogative.

Steven's brother, Harry, is a journalist in New York City. He is not American. He was born in Ireland. Does he like New York? Yes, he thinks it is a wonderful city.

1. ……………………………………………
2. ……………………………………………
3. ……………………………………………
4. ……………………………………………
5. ……………………………………………

5 points

❷ ★★★ Relis le texte ci-dessus et réponds aux questions suivantes. Si la réponse est négative, fais une phrase complète pour rétablir la vérité.

1. Whose brother is Harry?

……………………………………………

2. Is Harry American?

……………………………………………

3. Does Harry live in Dublin?

……………………………………………

4. What's Harry's job (*métier*)?

……………………………………………

5. Does he like New York?

……………………………………………

5 points

❸ ★★★ Écris les formes pleines des auxiliaires suivants.

1. won't ➤ ……………………	6. hasn't ➤ ……………………
2. can't ➤ ……………………	7. 've ➤ ……………………
3. don't ➤ ……………………	8. aren't ➤ ……………………
4. 's ➤ ……………………	9. 're not ➤ ……………………
5. 'll ➤ ……………………	10. 's not ➤ ……………………

10 points

TOTAL : ______ / 20 points

➤ Corrigés p. 91

22 Le questionnement
Are you English?

Dans cette fiche :

- Tu vas revoir les Yes/No questions et les Wh-questions.
- Tu trouveras aussi la liste des principales questions en Wh-.

(1) **Are** you French? Yes, I **am**.

(2) Do you live in Paris? No, I **don't**.

(3) **What**'s your name? **My name**'s John.

Ces exemples illustrent les deux types de questions qui existent en anglais : les Yes/No questions (1) et (2), auxquelles on répond par oui ou par non, et les Wh-questions (3).

Les Yes/No questions

Ce sont des questions auxquelles on répond par **oui** ou par **non**. Elles commencent **toujours** par un auxiliaire (do, did, have, etc.) Do you speak French?
En anglais, après yes et no, on reprend le sujet et l'auxiliaire.
Did Paul come? No, he **didn't**. – **Will** she be 15 tomorrow? Yes, she **will**.

Les Wh-questions

On utilise ce type de questions quand on cherche un **renseignement précis**. Elles commencent par un **pronom interrogatif** en wh- (what, where, who, etc.).

pronom interrogatif	interroge sur	exemple
Who	l'identité (Qui ?)	Who is it?
Where	le lieu (Où ?)	Where does she live?
Where	l'origine (D'où ?)	Where are you from?
When	le moment (Quand ?)	When will you arrive?
Whose + nom	le possesseur (À qui ?)	Whose book is it?
What	une chose (Qu'est-ce que ?)	What's this?
How + be	l'état de santé (Comment ?)	How are you?
How old	l'âge (Quel âge ?)	How old is your father?

Réponds aux questions suivantes.

1. How tall are you? ....
2. Are you at home? ....

JE M'ENTRAÎNE

1 ★★★ Indique quel pronom interrogatif te permettrait de poser une question sur les éléments soulignés, comme dans l'exemple.

Ex. : It's Kate ➤ Who

1. He is in the kitchen. ➤ ....
2. They love tennis. ➤ ....
3. I am fine, thanks. ➤ ....
4. She is from Italy. ➤ ....
5. We leave tomorrow. ➤ ....

5 points

2 ★★★ Indique si les questions suivantes seraient, en anglais, des *Yes/No questions* ou des *Wh-questions*.

a. Où vas-tu ? **b.** Est-il en France ? **c.** Qu'est-ce que vous faites ?
d. Est-ce que tu veux aller au jardin ? **e.** À qui est ce vélo ?

1. Yes/No questions ➤ ....
2. Wh-questions ➤ ....

5 points

3 ★★★ Réponds aux questions suivantes avec des réponses courtes, comme dans l'exemple.

Ex. : Is she a good singer? Yes, she is / No, she isn't.

1. Do you play basketball? ....
2. Will she get married? ....
3. Is Stephen at school? ....
4. Did they go to Scotland last year? ....

4 points

4 ★★★ Imagine les questions qui correspondraient à ces réponses.

1. Yes, they are. ➤ ....
2. She is 15. ➤ ....
3. It's my father's car. ➤ ....
4. No, she doesn't. ➤ ....
5. This is Sophie. ➤ ....
6. Yes, I did. ➤ ....

6 points

TOTAL : .... / 20 points

➤ *Corrigés p. 91*

23 Les question-tags
You're French, aren't you?

Dans cette fiche :

▶ Tu vas revoir les question-tags, indispensables pour les Yes/No questions.

(1) He is thirteen, **isn't he**?

(2) She lives in London, **doesn't she**?

- Observe les mots en **gras**, ce sont des question-tags. Ils se placent en fin de phrase, entre une virgule et un point d'interrogation.
- En ajoutant un question-tag à une phrase, la personne qui parle émet un léger doute et attend une confirmation.

- Pour formuler un question-tag, on utilise un **auxiliaire** au temps, à la personne et à la forme voulue.
- Si la phrase de **départ** est **affirmative**, le tag est **négatif**.
  He loves chocolate, **doesn't he?** They are Irish, **aren't they?**
- Si la phrase de **départ** est **négative**, le tag est **affirmatif**.
  He doesn't love chocolate, **does he?** They aren't Irish, **are they?**
- **Choix de l'auxiliaire**

	auxiliaire
présent simple sauf be	do
present en be + ing	be
prétérit simple sauf be	did
prétérit en be + ing	be
have got	have
verbe be au présent et au prétérit	be au présent et au prétérit
auxiliaire modal : can, must, will, etc.	can, must, will, etc.

Ajoute un question-tag.

1. Roy lives in New York, ...

2. You don't eat eggs, ...

JE M'ENTRAÎNE

1 ★☆☆ Complète chaque phrase avec un *question-tag*, puis note l'auxiliaire que tu as utilisé.

Ex. : He is sleeping, isn't he? (be)

1. There were a lot of people, ...
2. He hasn't got the key, ...
3. The twins will be 15 tomorrow, ...
4. Sonia enjoyed her party, ...
5. Kate wasn't reading when you arrived, ...
6. His mother is playing the piano, ...
7. You are a pupil, ...
8. You won't leave tomorrow, ...

8 points

2 ★★☆ Transforme les phrases suivantes pour leur faire dire le contraire. Attention à ne pas oublier de modifier le *question-tag*.

1. Her aunt lives in Boston, doesn't she?

....

2. Joe's brother isn't a good pupil, is he?

....

3. These actors moved to Australia, didn't they?

....

4. She can play the guitar quite well, can't she?

....

8 points

3 ★★★ Remets les mots dans le bon ordre.

1. children / are / they / ? / , / the / playing / aren't

....

2. will / mum / dinner / me / have / , / she / won't / ? / with

....

3. a lot / it / England / doesn't / , /in / rains / it / ?

....

4. was / Shakespeare / Stratford / born / , / ? / he / wasn't

....

4 points

TOTAL : ____ / 20 points

▶ *Corrigés p. 91*

24 Les similitudes
So do I

Dans cette fiche :

▶ Tu vas apprendre à exprimer des similitudes de type *moi aussi, moi non plus*.

J'observe et je comprends

(1) He is French. **So am I. / So is she.**
(2) I can swim. **So can he. / So can they.**
(3) Mum likes flowers. **So do I. / So does my father.**
(4) He is not French. **Neither am I. / Neither is she.**
(5) I can't swim. **Neither can he. / Neither can they.**
(6) Mum doesn't like yellow flowers. **Neither do I. / Neither does my father.**

- (1) à (3) Si la similitude est affirmative (*moi aussi*, *elle aussi*, etc.), on utilise so.
- (4) à (6) Si la similitude est négative (*moi non plus*, *elle non plus*, etc.), on utilise neither.

J'apprends

- Après **so** et **neither**, on utilise un **auxiliaire** (le même que dans la phrase de départ).
- Si la phrase n'a pas d'auxiliaire (parce qu'elle est au présent simple), on utilise l'auxiliaire **do** (ou did au prétérit). I love you. So **do** I.
- **Similitudes +** (aussi)
  So + auxiliaire + sujet
  Steve is 10. So is Julia. / Mum likes flowers. So does my father.
- **Similitudes –, ou différences** (non plus)
  Neither + auxiliaire + sujet
  Kate didn't like that film. Neither did I.
  Attention ! Après neither, l'auxiliaire est toujours à la forme affirmative.

J'applique — À toi !

Exprime des similitudes avec le sujet entre parenthèses.

1. My brother is a good basketball player. (I) ....

2. Joe wasn't at school yesterday. (Paul) ....

❶ ★☆☆ Souligne les auxiliaires dans les phrases suivantes. S'il n'y en a pas, trouve l'auxiliaire auquel tu ferais appel.

1. They are swimming. ....
2. Gill can read Arabic. ....
3. Will you come tomorrow? ......
4. He loves his daughter. ....
5. I was sleeping when he rang. ....
6. He parked his car in this street. ....
7. He has got a dog. ....
8. You must do your homework. ....
9. They don't like running. ....
10. Did you like the film? ....

5 points

❷ ★★☆ Complète les phrases suivantes en utilisant *so* ou *neither*.

1. I have taken a lot of photos, ... Mary.
2. Bob Marley was a singer, ... John Lennon.
3. He doesn't like driving, ... I.
4. I am a teacher, ... my sister.
5. Sophie speaks German, ... Ted.

5 points

❸ ★★☆ Relie les phrases suivantes aux similitudes qui correspondent.

1. I visited New York last year. ●
2. He's not a football fan. ●
3. She drinks coffee every morning. ●
4. Jack won't come tonight. ●
5. I don't drink wine. ●

● **a.** Neither will Jane.
● **b.** Neither am I.
● **c.** So did you.
● **d.** So does he.
● **e.** Neither do they.

5 points

❹ ★★★ Traduis les similitudes avec *so* et *neither*.

1. Jill lives in London. (*Moi aussi.*) ➤ ....
2. My cousin doesn't like big dogs. (*Lui non plus.*) ➤ ....
3. You can speak English. (*Elle aussi.*) ➤ ....
4. Paul didn't work yesterday. (*Steve non plus.*) ➤ ....
5. Shakespeare was a great writer. (*Molière aussi.*) ➤ ....

5 points

TOTAL : .... / 20 points

▶ Corrigés p. 92

25 La suggestion et l'impératif
Let's dance!

Dans cette fiche :

▶ Tu vas apprendre à suggérer quelque chose et à donner un ordre.

(1) **Let's** have a picnic today!
(2) **Why don't we** go to the cinema?
(3) **Shall we** go for a walk?
(4) **We could** also visit a museum.
(5) **Be** quiet, children!
(6) **Don't talk!**

- Observe les suggestions (phrases 1 à 4) et les ordres (phrases 5 et 6).
- Tu remarques que suggérer est une façon douce de proposer des choses tandis qu'ordonner des choses (à l'impératif) est une façon très autoritaire de parler.

- **La suggestion**
  Pour suggérer, il existe plusieurs expressions.
  Let's + base verbale. Let's do it!
  Why don't we + base verbale. Why don't we work together?
  Shall we + base verbale. Shall we go to England in August?
  We could + base verbale. We could sleep now.
- **L'impératif**
  Pour ordonner en anglais, on utilise l'**impératif**. Il existe des ordres **positifs** (*Fais ceci, fais cela !*) et des ordres **négatifs** (*Ne fais pas ceci, ne fais pas cela !*).
  – Ordres **positifs** ➤ base verbale + ! Sit down! Come here!
  – Ordres **négatifs** ➤ Don't + base verbale + ! Don't speak! Don't write!

À l'aide de Why don't we, Shall we et We could, formule trois autres façons de suggérer la phrase suivante : Let's dance !

1. ....
2. ....
3. ....

1 ★★★ **Formule des suggestions à l'aide des éléments proposés. Utilise à chaque fois *Let's* et *Why don't we*.**

1. go shopping

Let's ……………………………………………………

Why don't we ……………………………………………………

2. have dinner in an Indian restaurant

……………………………………………………

……………………………………………………

3. go to London for Christmas

……………………………………………………

……………………………………………………

4. watch a thriller

……………………………………………………

……………………………………………………

5. do some sightseeing (*faire du tourisme / visiter un endroit*)

……………………………………………………

……………………………………………………

/10 points

2 ★★★ **Mets ces phrases à l'impératif, comme dans l'exemple.**

Ex. : The children must go to sleep. ➤ Go to sleep!

1. My father must stop smoking (*fumer*). ➤ ……………………
2. The pupils mustn't chat (*bavarder*). ➤ ……………………
3. He must tidy his room (*ranger sa chambre*). ➤ ……………………
4. The children mustn't shout (*crier*). ➤ ……………………
5. The dog must stop barking (*aboyer*). ➤ ……………………

/5 points

3 ★★★ **Dis ce que chacun souhaiterait faire.**

1. Aller au cinéma ce soir (*tonight*). ➤ Why ……………………
2. Visiter Londres. ➤ Shall ……………………
3. Boire une bière (*a beer*). ➤ Let's ……………………
4. Manger un sandwich. ➤ Why ……………………
5. Jouer au ping pong (*table tennis*). ➤ Shall ……………………

/5 points

TOTAL : /20 points

➤ Corrigés p. 92

26 *La phrase exclamative*
How clever you are!

Dans cette fiche :

- Tu vas revoir l'exclamation, qui te permet d'exprimer des opinions ou des émotions fortes.

(1) **What** a lovely day!
(2) It's **such** a lovely day!
(3) **How** horrible!
(4) **How** fast she runs!
(5) **How** he loves her!
(6) It was **so** horrible!
(7) She runs **so** fast!
(8) He loves her **so** much!

- Observe les mots en **gras** dans les phrases ci-dessus. Ils servent à exprimer des opinions et des émotions fortes. Les phrases sont toutes des phrases exclamatives (elles ont toutes un point d'exclamation).
- Observe les mots soulignés. Tu remarques que selon que l'exclamation porte sur un nom (day) ou sur un adjectif (horrible), un adverbe (fast) ou un verbe (love), on ne se sert pas des mêmes mots.

- Si l'exclamation porte sur un **nom**, on utilise **what** ou **such**.
  What ➤ **What** a beautiful girl! *Quelle jolie fille !*
  Such ➤ She's **such** a beautiful girl! *C'est une si jolie fille !*
- Si l'exclamation porte sur un **adjectif**, un **adverbe** ou un **verbe**, on utilise **how** ou **so**.
  How ➤ **How** beautiful! (adjectif) *Comme c'est beau !*
  So ➤ It's **so** beautiful! *C'est si beau !*

Transforme ces phrases en phrases exclamatives.

1. This man is clever.

➤ What ……………………………………………………………………

2. He is friendly (sympathique).

➤ How ……………………………………………………………………

JE M'ENTRAÎNE

1 ★☆☆ **Souligne l'adjectif et entoure le nom dans les phrases suivantes.**

1. These mountains are beautiful.
2. This is a very intelligent man.
3. Look at this huge (*énorme*) castle!
4. It is an interesting exercise.
5. I have got a big problem.

/5 points

2 ★★☆ **À partir des phrases proposées, écris une phrase exclamative qui porte sur l'adjectif, et une autre qui porte sur le nom souligné.**

Ex. : He is a nice man. ➤ He is so nice! *ou* What a nice man!

1. It is a big car. ➤ ....
2. It is a comfortable bed. ➤ ....
3. She is a lovely girl. ➤ ....
4. The weather (*le temps*) is wonderful. ➤ ....
5. The exercise is difficult. ➤ ....

/5 points

3 ★★☆ **Même exercice, mais avec *how* et *such*.**

Ex. : He is a nice man. ➤ How nice he is! / He is such a nice man!

1. It is a big car. ➤ ....
2. It is a beautiful house. ➤ ....
3. She is a lovely girl. ➤ ....
4. The weather is wonderful. ➤ ....
5. The exercise is difficult. ➤ ....

/5 points

4 ★★★ **Complète ces phrases avec *what*, *such*, *how* ou *so*.**

1. This boy runs .... quickly!
2. .... a wonderful party!
3. It's .... a bad day!
4. .... sad (*triste*) this film is!
5. These mountains are .... high (*hautes*)!

/5 points

TOTAL : /20 points

➤ Corrigés p. 92

27 Les subordonnées introduites par if et par when
When I am 15, I will…

Dans cette fiche :

- Tu vas apprendre à utiliser les subordonnées pour exprimer une condition ou une hypothèse et pour parler de l'avenir.

J'observe et je comprends

(1) **If it rains tomorrow**, we will stay at home.
(2) **When he is 18**, he will learn to drive.

- Observe les deux propositions en **gras**. Ce sont des propositions subordonnées.
- (1) Introduite par if (*si*), elle permet d'exprimer une hypothèse ou une condition.
- (2) Introduite par when (*quand*), elle permet de parler de l'avenir.

J'apprends

- **Proposition introduite par if**

Proposition subordonnée avec if	+	proposition principale
verbe au présent		verbe avec will
If you come tomorrow,		I **will** show you my paintings.
Si tu viens demain,		*je te montrerai mes tableaux.*

- **Proposition introduite par when**

Proposition subordonnée avec when	+	proposition principale
verbe au présent	+	verbe avec will
When you come,		I **will** show you my paintings.
Quand tu viendras,		*je te montrerai mes tableaux.*

- **Attention !** Lorsque **when** est un pronom interrogatif (*Quand ?*), il peut être suivi d'un verbe au futur.
  When will she be 20 years old? *Quand aura-t-elle 20 ans ?*

J'applique — À toi!

Conjugue les verbes entre parenthèses au temps voulu.

1. If I (see) .... my sister, I (give) .... her a present.

2. When your father (arrive) ...., he (help, *aider*) .... you.

JE M'ENTRAÎNE

1 ★★★ Dans les phrases suivantes, souligne en rouge les propositions subordonnées et en bleu les propositions principales.

5 points

1. She will have a baby when she is married.
2. If it rains tomorrow, we will stay at home.
3. When he is 18, he will learn to drive.
4. You can come to my house if you like.
5. If you are polite, you can ask your teachers anything (*quoi que ce soit*).

2 ★★★ Relie les propositions principales aux subordonnées qui les complètent.

5 points

1. I will tell him the truth (*la vérité*) ●	● a. if she is ill (*malade*).
2. I'll kiss them for you ●	● b. when he has got the money.
3. He will buy a car ●	● c. if he asks (*demande*) me.
4. She won't go to school ●	● d. when he comes to his house
5. The doctor will give him medecine ●	● e. when I see them.

3 ★★★ Complète les phrases suivantes en mettant les verbes entre parenthèses au temps voulu.

10 points

1. When he (arrive) ...., I (tell) .... him to call you.
2. When .... he (arrive) .... tomorrow?
3. If it (be) .... sunny, we (go) .... to the beach (*à la plage*).
4. My brother (buy, *acheter*) .... a house, when he (be) .... married.
5. He (visit) .... England, if he (pass, *réussir*) .... his exam.

TOTAL : ____ / 20 points

▶ Corrigés p. 92

Bilan 4 Grammaire de la phrase

TEST

Coche la bonne case quand tu as trouvé la bonne réponse. Il n'existe qu'une seule possibilité. Chaque réponse vaut 2 points.

1 Il manque la ponctuation. Trouve la phrase interrogative.

a. ☐ You are thirteen
b. ☐ Are you thirteen
c. ☐ You are not thirteen
d. ☐ Come here

/2 points

2 Par quel auxiliaire commencerais-tu la question : ... *he like French?*

a. ☐ does
b. ☐ is
c. ☐ can
d. ☐ was

/2 points

3 Pour finir la phrase *Sophie is a great dancer*, tu ajouterais :

a. ☐ , is she?
b. ☐ , is he?
c. ☐ , isn't she?
d. ☐ , isn't he?

/2 points

4 Un *question-tag* te permet de :

a. ☐ répondre à une question
b. ☐ émettre un doute
c. ☐ dire la vérité
d. ☐ faire une supposition

/2 points

5 Pour exprimer une similitude avec *He speaks English*, tu dirais :

a. ☐ Neither do I.
b. ☐ So am I.
c. ☐ So don't I.
d. ☐ So do I.

/2 points

6 ***Be* est :**

2 points

a. ☐ un verbe et un auxiliaire
b. ☐ un verbe
c. ☐ un auxiliaire
d. ☐ un temps

7 **Quelle phrase exprime la suggestion ?**

2 points

a. ☐ Do you want to come?
b. ☐ Come here!
c. ☐ Why don't you come?
d. ☐ You can come.

8 **Dans quelle phrase y a-t-il un impératif ?**

2 points

a. ☐ Let's go!
b. ☐ You can go.
c. ☐ Will you go?
d. ☐ Go!

9 **Quel signe de ponctuation manque-t-il à la phrase *How lovely it is* ?**

2 points

a. ☐ un point d'exclamation
b. ☐ un point d'interrogation
c. ☐ un point
d. ☐ une virgule

10 **Après *When I am 18*, tu dirais :**

2 points

a. ☐ I can drive.
b. ☐ I drive.
c. ☐ I will drive.
d. ☐ I am driving.

TOTAL : ______ / 20 points

► Corrigés p. 93

28 Les îles britanniques
The British Isles

Dans cette fiche :

▶ Tu vas revoir les pays qui constituent le Royaume-Uni.

J'APPRENDS

a country (plural: countries) : *un pays*
a city : *une (grande) ville*
the suburbs : *la banlieue*
a town : *une ville (petite ou moyenne)*
a village : *un village*
a street : *une rue*
a road : *une route*
a motorway : *une autoroute*
the sea : *la mer*
an ocean : *un océan*

INFOS CULTURELLES

- Il faut savoir distinguer la Grande-Bretagne du Royaume-Uni et de la république d'Irlande.
- Le **Royaume-Uni** (The United Kingdom ou The UK) est constitué de la Grande-Bretagne et de l'Irlande du Nord (Northern Ireland ou Ulster).
- La **Grande-Bretagne** (Great Britain) est constituée de trois pays : l'Angleterre (England), le pays de Galles (Wales) et l'Écosse (Scotland).
- La **république d'Irlande** (The Republic of Ireland ou Eire) ne fait pas partie du Royaume-Uni.
- **Elisabeth II** est reine de tous les pays qui composent le Royaume-Uni, c'est une **monarchie constitutionnelle**. Il y a un souverain, mais aussi un Premier Ministre et un gouvernement.

JE M'ENTRAÎNE

5 points

❶ ★★★ Écris les mots suivants en français.

1. Wales ➤ ....
2. Edimburgh ➤ ....
3. London ➤ ....
4. Ulster ➤ ....
5. Eire ➤ ....
6. Scotland ➤ ....
7. United Kingdom ➤ ....
8. Great Britain ➤ ....
9. England ➤ ....
10. Ireland ➤ ....

5 points

❷ ★★★ Relie les capitales suivantes aux pays auxquels elles appartiennent

1. Edimburgh ●	● a. Wales
2. Belfast ●	● b. Eire
3. London ●	● c. Scotland
4. Cardiff ●	● d. Ulster
5. Dublin ●	● e. England

❸ ★★★ Réponds aux questions suivantes en anglais (sauf mention contraire).

1. Cite les quatre pays qui composent le Royaume-Uni.

....

2. Quels sont les pays qui constituent la Grande-Bretagne ?

....

3. Qui est le souverain du Royaume-Uni (en français) ?

....

4. Quel est le système politique du Royaume-Uni (en français) ?

....

10 points

5. Trouve des synonymes en anglais de :

– The Republic of Ireland ➤ ....

– Northern Ireland ➤ ....

TOTAL : ____ / 20 points

➤ Corrigés p. 93

29 *L'école en Angleterre*
At school!

Dans cette fiche :

- Tu vas revoir le vocabulaire anglais utile pour la classe.
- Tu vas aussi découvrir certains aspects de l'école en Angleterre.

J'APPRENDS

a ruler : *une règle*
a pen : *un stylo*
a fountain pen : *un stylo plume*
a schoolbag : *un cartable*
a copybook : *un cahier*
to read : *lire*
to listen : *écouter*
to talk, to chat : *parler, bavarder*
to do your homework : *faire tes devoirs*
a rubber : *une gomme*
a biro : *un bic*
a felter pen : *un feutre*
a pencil-case : *une trousse*
a book : *un livre*
scissors : *des ciseaux*
to close, to shut : *fermer*
to learn : *apprendre*
a test : *un contrôle*

INFOS CULTURELLES

- En Angleterre, les élèves doivent porter un **uniforme** à l'école. Il est **obligatoire**. Chaque école a son uniforme et son propre écusson. Les familles achètent, chaque année en général, deux tenues identiques à la taille de leur enfant et doivent les entretenir pour qu'elles durent une année.
- Cet uniforme, s'il varie légèrement d'une école à l'autre, est **très strict**.
- De plus, contrairement aux écoles françaises, **les écoles anglaises ne sont pas souvent mixtes** : ce sont des écoles de filles ou de garçons.
- Aimerais-tu être dans une école anglaise ?

JE M'ENTRAÎNE

1 ★☆☆ Remets les lettres dans le bon ordre.

1. tsuh ➤ ....
2. wkhoorme ➤ ....
3. burber ➤ ....
4. cbkoopyo ➤ ....
5. erad ➤ ....

5 points

2 ★☆☆ Écris en anglais les noms de dix objets : huit que tu mettrais dans ta trousse et deux que tu mettrais dans ton cartable.

1. .... 6. ....
2. .... 7. ....
3. .... 8. ....
4. .... 9. ....
5. .... 10. ....

5 points

3 ★★☆ Indique, pour chacune de ces phrases qui concernent les écoles en Angleterre, si elle est vraie ou fausse.

1. Toutes les écoles sont mixtes. ☐ Vrai ☐ Faux
2. Les élèves portent les vêtements qu'ils veulent. ☐ Vrai ☐ Faux
3. Les élèves portent toujours un uniforme. ☐ Vrai ☐ Faux
4. Les uniformes sont toujours identiques. ☐ Vrai ☐ Faux
5. Il y a toujours un écusson sur cet uniforme. ☐ Vrai ☐ Faux

5 points

4 ★★★ Le professeur donne des consignes aux élèves. Complète ces phrases avec les verbes qui manquent.

1. Be quiet, children ! Don't .... !
2. .... your books ! Can you .... the text, David?
3. The lesson is finished. .... your books!
4. Open your copybook and .... the lesson!
5. Listen and .... after me, children!

5 points

TOTAL : ____ / 20 points

➤ Corrigés p. 93

30 La famille royale d'Angleterre
God save the Queen!

Dans cette fiche :

▶ Tu vas découvrir la famille royale d'Angleterre et le vocabulaire de la famille.

J'APPRENDS

child (children) : *enfant(s)*
daughter : *fille*
son : *fils*
grandchildren : *petits-enfants*
grandmother : *grand-mère*
grandfather : *grand-père*
mother : *mère*
father : *père*
son-in-law : *gendre*
stepmother : *belle-mère*
aunt : *tante*
uncle : *oncle*
cousin : *cousin*
sister : *sœur*
brother : *frère*
brother-in-law : *beau-frère*

INFOS CULTURELLES

- La reine d'Angleterre est **Elisabeth II**. Elle a épousé le prince Philip en 1947. L'héritier direct de la couronne d'Angleterre est son fils aîné, **le prince Charles**, dont la première épouse fut **Diana Spencer**, la mère de **William** et **Harry**, qui mourut dans un accident de voiture à Paris en 1997. Le prince Charles s'est remarié depuis avec **Camilla Parker-Bowles** en 2005.
- Si le prince Charles mourait avant sa mère, **l'héritier** de la couronne serait William, l'aîné des deux petits-fils de la reine.

JE M'ENTRAÎNE

1 ★☆☆ Les lettres de ces mots sont dans le désordre. Retrouve ces mots, puis traduis-les.

1. dmthoergarn ➤ ....
2. nso ➤ ....
3. hgduater ➤ ....
4. dagrnhcdirlne ➤ ....
5. tefhare ➤ ....

/5 points

2 ★★☆ Le prince Harry décrit sa famille. Complète ses phrases en t'aidant de la page ci-contre.

Queen Elisabeth is my .... and William is my .... William and I haven't got any .... Diana was my .... and my father is Prince Charles. He got remarried to .... in 2005. Prince Philip is my .... and I am Philip's .... My parents have got sisters and brothers; they are my .... and uncles. Their sons and daughters are my .... Today, Camilla is my ....

/5 points

3 ★★★ Complète le texte suivant en t'aidant de l'illustration.

Queen Elisabeth was born in .... and crowned when she was .... years old. She got married to Prince Philip in 1947 at the age of .... Princess Diana died when she was .... years old in a car accident in .... (France).

/5 points

4 ★★★ Essaye de deviner le sens des mots en gras, puis écris-les à côté de leur équivalent français.

Queen Elisabeth is Prince Philip's **wife** and Prince Philip is the Queen's **husband**. Harry and William are their aunts' and uncles' **nephews**. Harry's and William's future children will be the Queen's **great grandchildren** and the Queen will be their **great grandmother**.

1. un neveu ➤ ....
2. des arrière-petits-enfants ➤ ....
3. une arrière-grand-mère ➤ ....
4. une femme, une épouse ➤ ....
5. un mari, un époux ➤ ....

/5 points

TOTAL : /20 points

➤ Corrigés p. 93

31 Londres et New York
Cities

Dans cette fiche :

- Tu vas découvrir Londres et New York.
- Tu vas aussi revoir le vocabulaire de la ville.

J'APPRENDS

a street : *une rue*	a pedestrian : *un piéton*
a lane : *une ruelle*	a bus : *un bus*
a coach : *un car*	a shop assistant : *un vendeur*
traffic lights : *des feux tricolores*	to cross a street : *traverser une rue*
a crossroad : *un carrefour*	traffic : *la circulation*
traffic jam : *des embouteillages*	a museum : *un musée*

INFOS CULTURELLES

- **New York**
  Si New York n'est pas la capitale des États-Unis (c'est Washington D. C.), c'est la plus peuplée du pays et un centre économique et culturel majeur. C'est aussi l'une des villes les plus visitées des USA (United States of America). On la surnomme **the Big Apple**.
  La ville de New York est divisée en cinq **boroughs** (quartiers) : **Manhattan**, **Brooklyn**, **Queens**, **The Bronx** et **Staten Island**.
- **Londres** (**London**)
  Londres est la **capitale** de l'Angleterre (England). Elle a été fondée il y a plus de deux mille ans par les Romains (Londinium). Aujourd'hui, Londres est le **premier centre financier mondial** et l'une des villes les plus visitées au monde. Ses principaux sites touristiques sont concentrés dans un quartier, le **West End**.

JE M'ENTRAÎNE

1 ★☆☆ Les lettres des mots suivants sont dans le désordre. Retrouve ces mots, puis traduis-les.

5 points

1. ohsp ➤ ....
2. dspeserani ➤ ....
3. rfatfci ➤ ....
4. ayp ➤ ....
5. cacho ➤ ....
6. lesl ➤ ....
7. sub ➤ ....
8. gsin ➤ ....
9. suemum ➤ ....
10. ubsywa ➤ ....

2 ★☆☆ Souligne les réponses justes.

5 points

1. New York est la capitale des États-Unis.
2. Londres est la capitale de l'Angleterre et du Royaume-Uni.
3. New York est surnommée la Grosse Pomme.
4. Le Bronx est un quartier de New York.
5. Londres est peu visitée.

3 ★★☆ Range ces mots dans le tableau ci-dessous.

1. Staten Island – 2. Londinium – 3. The West End – 4. The Bronx – 5. The USA – 6. England – 7. The Big Apple – 8. fondée par les Romains – 9. Centre financier mondial. – 10. Cinq boroughs.

5 points

London	New York

4 ★★★ Trouve les mots en anglais dont on parle.

5 points

1. I walk in the street, I am a ....
2. I have got a ticket to get on a ....
3. I work in a shop, I am a ....
4. At the post office, I can buy a ....
5. I will go to the Louvre, it is a wonderful ....

TOTAL : ____ / 20 points

➤ Corrigés p. 93

32 La Californie
Welcome to California!

Dans cette fiche :

- Tu vas découvrir l'État américain de Californie.

J'APPRENDS

to go on holiday : *partir en vacances*	a swimming-pool : *une piscine*
to be on holiday : *être en vacances*	to go swimming : *aller nager*
to travel by plane: *voyager en avion*	to surf : *faire du surf*
to fly to a place : *aller quelque part en avion*	to bathe : *se baigner*
to go to the seaside : *aller à la mer*	to spend : *passer (du temps)*
to sunbathe : *se faire bronzer*	a bank holiday : *un jour férié*
	a park : *un parc*

INFOS CULTURELLES

- La Californie est le **troisième plus grand État** des États-Unis, le plus peuplé (37 millions d'habitants) et le plus riche. On le surnomme **l'État doré** (The Golden State). Au milieu du XIXe siècle, la **ruée vers l'or** (Gold Rush) y a attiré de nombreux aventuriers.
- L'**ours grizzli** est le symbole de la Californie.
- La Californie est aussi un des États les plus visités : **Disneyland**, **Hollywood**, la **Vallée de la mort** (Death Valley), **San Francisco**, **Los Angeles**, le **parc Yosemite**…
- Si la langue officielle est l'anglais, **la langue la plus parlée en Californie est l'espagnol** : le pays voisin est en effet le Mexique.

JE M'ENTRAÎNE

1 ★★★ Remets ces expressions dans le bon ordre.

5 points

1. seaside to the go to ➤ ....
2. to a fly place to ➤ ....
3. holiday your spend in to ➤ ....
4. the play to on beach ➤ ....
5. by to plane travel ➤ ....

2 ★★★ En t'aidant du vocabulaire page ci-contre, trouve cinq activités que l'on peut faire au bord de la mer.

5 points

....

....

3 ★★★ En t'aidant des informations de la page ci-contre, note :

4 points

1. les noms de trois villes de Californie :

....

2. les noms de trois lieux très visités en Californie :

....

3. les noms des deux langues les plus parlées en Californie :

....

4. le nom du symbole de la Californie :

....

4 ★★★ Remets les mots des phrases suivantes dans le bon ordre.

6 points

1. to / I / year / went / California / last

....

2. two / I / weeks / Los / in / Angeles / spent

....

3. day /we / to / beach / every / went / the

....

TOTAL : ____ / 20 points

➤ Corrigés p. 93

Bilan 5 Vocabulaire et culture générale

Coche la bonne case quand tu as trouvé la bonne réponse. Il n'existe qu'une seule possibilité. Chaque réponse vaut 2 points.

❶ Le Royaume-Uni se compose de :

2 points

a. ☐ la Grande-Bretagne et l'Irlande du Nord
b. ☐ l'Angleterre et l'Écosse
c. ☐ le pays de Galles et l'Irlande
d. ☐ l'Écosse et l'Irlande

❷ La Grande-Bretagne est composée de :

2 points

a. ☐ l'Angleterre et l'Écosse
b. ☐ l'Angleterre, l'Écosse et le pays de Galles
c. ☐ l'Angleterre et le pays de Galles
d. ☐ l'Angleterre et l'Irlande

❸ Je suis un objet que l'on met dans une trousse. Que suis-je ?

2 points

a. ☐ a book
b. ☐ a copybook
c. ☐ a schoolbag
d. ☐ a ruler

❹ Une seule phrase est vraie sur l'école en Angleterre. Laquelle ?

2 points

a. ☐ L'école n'est pas obligatoire.
b. ☐ L'école est toujours payante.
c. ☐ Les élèves portent un uniforme.
d. ☐ Leur uniforme est toujours bleu.

❺ La reine d'Angleterre s'appelle :

2 points

a. ☐ Victoria
b. ☐ Anne
c. ☐ Elisabeth II
d. ☐ Elisabeth I

6 La Californie est :

2 points

a. ☐ une ville des États-Unis
b. ☐ une partie du Mexique
c. ☐ un État américain
d. ☐ un océan

7 Le symbole de la Californie est :

2 points

a. ☐ une Grosse Pomme
b. ☐ un ours doré
c. ☐ un grizzli
d. ☐ Manhattan

8 On surnomme New York :

2 points

a. ☐ la Grosse Pomme
b. ☐ l'État doré
c. ☐ le grizzli
d. ☐ Manhattan

9 Londres est la capitale :

2 points

a. ☐ de l'Angleterre
b. ☐ de l'Écosse
c. ☐ du pays de Galles
d. ☐ de l'Irlande

10 New York se divise en :

2 points

a. ☐ 5 districts
b. ☐ 5 countries
c. ☐ 5 villages
d. ☐ 5 boroughs

TOTAL : ____ / 20 points

▶ *Corrigés p. 93*

La partie des Dix

Dix questions courantes à retenir

How are you?

Cette question permet de se renseigner sur l'état de santé de quelqu'un. En général, C'est la première question que l'on pose lorsqu'on rencontre quelqu'un.

How are you ? I'm fine, thanks.

What's your name?

Pour se renseigner sur le nom de quelqu'un.

What's your name ? My name's Paul.

Who is it?

Pour se renseigner sur l'identité de quelqu'un.

Who is it ? This is John.

Where do you live?

Pour se renseigner sur l'endroit où vit quelqu'un.

Where do you live ? I live in Paris, in France.

Where do you come from?

Pour se renseigner sur l'origine géographique de quelqu'un.

Where do you come from ? I come from Paris, France.

Where are you from?

Pour se renseigner aussi sur l'origine géographique de quelqu'un.

Where are you from ? I am from Paris, France.

What's your nationality?

Pour se renseigner sur la nationalité de quelqu'un.

What's your nationality ? I'm French.

How old are you?

Pour se renseigner sur l'âge de quelqu'un.

How old are you ? I'm 12 (years old).

When were you born?

Pour se renseigner sur la date de naissance de quelqu'un.

When were you born ? I was born in 1998.

Where were you born?

Pour se renseigner sur le lieu de naissance de quelqu'un.

Where were you born ? I was born in Nancy.

Dix règles de grammaire à retenir

L'âge

Pour dire son âge en anglais, on utilise le verbe *be*. En anglais, **on est âgé d'un certain nombre d'années**.

He **is** 24 years old.

Les réponses courtes

En anglais, pour répondre par oui ou par non, on doit reprendre l'auxiliaire de la question qui précède.

Are you English ? Yes, I **am** / No, I **am** not.

Can you drive? Yes, I **can** / No, I **can't**.

Le verbe to be

To be est le seul verbe qui ait sa propre conjugaison au présent et au passé.

Il n'a pas besoin d'auxiliaire dans les questions et les négations car il est à la fois verbe et auxiliaire.

Are you French? (présent) – I **wasn't** at home yesterday. (prétérit)

Les auxiliaires do et did

Au présent simple et au prétérit simple, il faut utiliser les auxiliaires *do* (qui devient *does*, *don't* et *doesn't*) et *did* (qui devient *didn't*) dans les questions et les négations.

I like dancing. **Does** he like dancing?

He worked yesterday. She **didn't** work yesterday.

Verbes irréguliers

Il existe des verbes qui sont irréguliers car au prétérit simple, ils ont une forme affirmative qu'il faut apprendre par cœur (voir page 94).

Pour les verbes réguliers, il suffit de leur ajouter *-ed* au prétérit simple.

I **went** to the cinema last Sunday. (Verbe *to go*, irrégulier au prétérit.)

I **worked** yesterday. (Verbe *to work*, régulier au prétérit.)

Les modaux

Les auxiliaires modaux (*can*, *must*, *will*, etc.) sont invariables. Ils sont suivis d'une base verbale et ajoutent une notion au verbe qu'ils accompagnent (permission, interdiction etc.).

I **can** swim, you **can** swim, he **can** swim, etc.

Le présent simple

Au présent simple, la conjugaison des verbes est très simple à la forme affirmative. On utilise la base verbale à toutes les personnes et on ajoute un -s uniquement à la troisième personne du singulier (*he*, *she*, *it*).

I **work**, you **work**, he, she, it **works**, we **work**, etc.

Le cas possessif

En anglais, on place le possesseur en premier lieu. Au singulier, on relie le possesseur à la chose possédée par un 's ; au pluriel, uniquement par une apostrophe.

Kathy**'s** car (singulier). – My parents' car (pluriel).

L'ordre des mots

L'ordre des mots dans les questions est auxiliaire + sujet + verbe… ? sauf avec le verbe *to be*.

Do you speak Chinese? **Are you** Chinese? (to be)

Les articles

Il ne faut pas confondre l'article indéfini *a* / *an* et l'article défini *the*.

an apple, ***une*** *pomme* – **the** apple, ***la*** *pomme*

Dix règles d'orthographe à retenir

a ou an ?

On emploie *a* devant une consonne et *an* devant une voyelle.

a car – **an** animal

-s ou -es ?

À la 3e personne du singulier au présent simple, on ajoute un *-s* au verbe (parfois *-es*).

do**es**, go**es**, watch**es**, etc.

-y ou -ier?

Au comparatif de supériorité et au superlatif, les adjectifs en *-y* se terminent en *-ier* ou *-iest*.

happy ➤ happ**ier** ➤ happ**iest**

Pluriels irréguliers Certains pluriels sont irréguliers et ne prennent pas de *-s* au pluriel.

man ➤ **men** ; woman ➤ **women** ; child ➤ **children**

Majuscules Les jours et les mois anglais s'écrivent toujours avec une majuscule.

I see him every **Friday**.

Pronom I Le pronom personnel I (*je*) s'écrit toujours en majuscule, où qu'il soit dans la phrase.

Sandra and **I** are friends.

Nombres invariables hundred, thousand, million ne prennent jamais de *-s*.

two **hundred** people – eight **million**

Mots transparents Certains mots, dits « transparents » (ce sont les mêmes en anglais et en français), ne s'écrivent pas exactement de la même manière en anglais.

gira**ff**e, tra**ff**ic, a**gg**ression, etc.

Of ou off ? Les deux mots existent. Ils ne s'écrivent et ne se prononcent pas de la même façon.

a map **of** London – turn the light **off**

Accents Il n'y a pas d'accents en anglais.

D**e**cember, **e**l**e**phant, etc.

Corrigés

1. Se présenter, échanger des informations simples | p. 8

J'applique

My name is (nom de l'enfant). I am from France.

Conseil aux parents : rappeler à votre enfant que le pronom *I* s'écrit toujours en majuscule et les noms de pays et les nationalités commencent toujours par une majuscule en anglais.

Je m'entraîne

❶ **1.** name. – **2.** your. – **3.** speak. – **4.** Where. – **5.** Good. ❷ **1.** I'm from France. – **2.** I'm fine, thanks. ❸ **1.** Where are you from? – **2.** What about you? – **3.** My parents are from France. ❹ **1.** Where do you come from? – **2.** Do you speak French? – **3.** What's your name? – **4.** How are you today? – **5.** Where do you live? ❺ **1.** I am fine. – **2.** I am French.

2. Parler de soi, de sa famille | p. 10

J'applique

1. My father is a doctor and my mother is a teacher. – **2.** I've got two brothers and one sister.

Je m'entraîne

❶ **1.** She is a nurse. – **2.** Yes, I have. – **3.** I've got two sisters and one brother. – **4.** No, I haven't. – **5.** How are you doing? ❷ **1.** because. – **2.** sister. – **3.** job. – **4.** how. – **5.** Why.

Conseil aux parents : faites écrire à votre enfant les mots de vocabulaire anglais sur un carnet.

❸ 4 – 2 – 5 – 3 – 1. ❹ **1.** What's your father's job? – **2.** Have you got any brothers and sisters?

3. Parler de ses goûts, de ses habitudes | p. 12

J'applique

1. I like rugby. – **2.** I hate dancing.

Je m'entraîne

❶ **1.** jogging – playing football – cycling. – **2.** cooking – playing video games – watching TV – listening to music – painting– reading – playing chess.

Conseil aux parents : faire remarquer que les hobbies en anglais se forment souvent avec un verbe en *-ing*.

❷ **1.** c. – **2.** e. – **3.** d. – **4.** b. – **5.** a. ❸ **1.** How often does he play football? – **2.** What are their hobbies? – **3.** What's your favourite hobby? – **4.** Do you like jogging? – **5.** How often does she go dancing? ❹ **1.** My favourite hobby is tennis. – **2.** I often play tennis table

4. Dire ce que l'on va ou aimerait faire | p. 14

J'applique

1. Would you like to go to the parc? – **2.** Would you like to come to my house?

Je m'entraîne

❶ **1.** I'd love to ! – **2.** Would you like to come to my house to prepare the party with me? – **3.** Sure ! – **4.** We could decorate your house. – **5.** I'm going to ask them immediately. ❷ **1.** Sure! – **2.** I'd love to. ❸ **1.** Would you like to come to my house? –

2. I am going to ask my mother. **4** **1.** I'd like to see this film. – **2.** If my mother agrees, I will come. – **3.** It would be great.

Conseil aux parents : rappeler que *I'd* est l'équivalent de *I would*.

5. Écrire un courrier | p. 16

J'applique

1. I hope you are fine. – **2.** I'm writing from England.

Conseil aux parents : l'enfant peut écrire une petite lettre sur le modèle de la page 16. et changer les noms propres.

Je m'entraîne

1 **1.** I am having fun. – **2.** See you soon. – **3.** He went to the cinema yesterday. – **4.** This is great. – **5.** I hope you are well. **2** 4 – 3 – 2 – 5 – 1. **3** **1.** went. – **2.** am having. – **3.** will visit. – **4.** am writing. – **5.** visited. **4** **1.** This is great! – **2.** I am so happy.

Bilan 1 | p. 18

1. d. **2.** c. **3.** a. **4.** b. **5.** c. **6.** c. **7.** a. **8.** d. **9.** c. **10.** a.

6. Les articles et les démonstratifs | p. 20

J'applique

1. these. – the. – **2.** a, this

Je m'entraîne

1 **1.** a. – **2.** an. – **3.** an. – **4.** a. – **5.** an. – **6.** a. – **7.** a. – **8.** a. **2** **1.** an. – **2.** the. – **3.** the, a. – **4.** an. – **5.** The.

Conseil aux parents : rappeler que *the* s'emploie avec du singulier et du pluriel.

3 **1.** It's an expensive bag. – **2.** It's a comfortable armchair. – **3.** He's a good doctor.
4 **1.** These apples are green. – **2.** Look at those men! – **3.** This blue car is dirty. – **4.** That child is very noisy. – **5.** The cat is sleeping. **5** **1.** This car is expensive. – **2.** The sun is shining. – **3.** They are my parents.

7 Les pronoms personnels sujets et compléments | p. 22

J'applique

1. He – her. – **2.** She – it.

Je m'entraîne

1 **1.** S / C. – **2.** S / C. – **3.** C / S. – **4.** S / C. **2** **1.** He – them. – **2.** He – him. – **3.** she – them. – **4.** He – her. – **5.** It.

Conseil aux parents : il faut bien faire noter qu'il y a trois pronoms à la 3e personne du singulier et un seul à la 3e personne du pluriel.

3 **1.** them. – **2.** it. – **3.** us. – **4.** them. – **5.** him. **4** **1.** c. – **2.** e. – **3.** a. – **4.** b. – **5.** e. – **6.** f.

8. Le cas possessif | p. 24

J'applique

1. Steve's sister is tall. – **2.** Whose shoes are these? – **3.** My cousins' parents are nice.

Conseil aux parents : rappelez à votre enfant que l'ordre des mots est inversé au cas possessif par rapport au français.

Je m'entraîne

1 **1.** Whose cats are they? They're John's. – **2.** Whose hat is it? It's her father's. – **3.** Whose house is it? It's my parents'. – **4.** Whose garden is it? It's the Smiths'. –

5. Whose niece is it? It's his uncle's. ❷ **1.** Whose pencil-case is it? – **2.** That house is not the Garners'. – **3.** Those black umbrellas are my aunt's. – **4.** Whose pens are these? ❸ **1.** c. – **2.** d. – **3.** b. – **4.** f. –**5.** e. – **6.** a. ❹ **1.**Whose house is it? – **2.** This house is the Jacksons'. – **3.** My mother's garden is beautiful. – **4.** My parents' friends are nice. – **5.** Whose glasses are these?

9. Les adjectifs et pronoms possessifs p. 26

J'applique

Conseil aux parents : il faut que l'enfant connaisse bien le tableau des possessifs.

1. hers. – **2.** yours. – **3.** his, mine.

Je m'entraîne

❶ **1.** A. – **2.** P. – **3.** A. – **4.** P. – **5.** P. ❷ **1.** his. – **2.** their. – **3.** her. – **4.** its. – **5.** her. ❸ **1.** yours. – **2.** mine. – **3.** yours. – **4.** ours. – **5.** his. ❹ **1.** It isn't my car. Steven, is it yours? – **2.** It isn't my bed. No, it's not mine!

10. Le comparatif d'égalité et de supériorité p. 28

J'applique

1. as attractive as ➤ more attractive than. – **2.** as warm as ➤ warmer than

Conseil aux parents : bien expliquer, en français au préalable, la différence entre le comparatif d'égalité et de supériorité.

Je m'entraîne

❶ **1.** easy. – **2.** good. – **3.** warm. – **4.** heavy. – **5.** big. – **6.** bad. – **7.** thin. – **8.** funny. – **9.** tall. – **10.** crazy. ❷ **1.** pretty – long – slim – good – funny – bad. – **2.** amusing – expensive. ❸ **1.** as exciting as. – **2.** faster than. – **3.** more expensive than. – **4.** as beautiful as. – **5.** better than. – **6.** bigger than. ❹ **1.** Is Linda more intelligent than Sue? No, Linda is as intelligent as Sue. – **2.** Is Will Smith funnier than Charlie Chaplin ? No, Will Smith is as funny as Charlie Chaplin.

11. Le superlatif p. 30

J'applique

1. The busiest. – **2.** The most attractive. – **3.** The smallest. – **3.** The best.

Conseil aux parents : il faut rappeler à l'enfant ce qu'est le superlatif en français.

Je m'entraîne

❶ **1.** the sportiest. – **2.** the greatest. – **3.** the funniest. – **4.** the cheapest. – **7.** the tallest. **5.** the most expensive. – **6.** the most amusing. – **7.** the tallest. – **8.** the most interesting. – **Adjectifs courts :** sport – great – cheap – tall. – **Autres adjectifs :** funny – expensive – amusing – interesting. ❷ **1.** rude. – **2.** low. – **3.** bad. – **4.** fast. – **5.** messy. ❸ heavy, heavier than, the heaviest. – good, better than, the best. – elegant, more elegant than, the most elegant. – good-looking, better-looking, the best-looking. – bad, worse than, the worst. – important, more important than, the most important. ❹ **1.**Charles is the best in his class. – **2.** Angela is the most talkative. – **3.** French is more difficult than English.

12. Les quantifieurs (1) p. 32

J'applique

1. not any. – **2.** any. – **3.** not any. – **4.** some.

Je m'entraîne

❶ **1.** Are there any oranges? – **2.** There aren't any apples. – **3.** Can I have some butter, please? – **4.** Have you got any money? – **5.** They want some chocolate.

Conseil aux parents : rappeler la définition des mots *dénombrables* et *indénombrables*.

2 **1.** any. – **2.** any. – **3.** some. – **4.** some. **3** **1.** b. – **2.** d. – **3.** a. – **4.** c. **4** **1.** I want some cheese but not any bread. – **2.** She did not meet any friends.

13. Les quantifieurs (2) | p. 34

J'applique

1. some water. – **2.** many apples. – **3.** How many children. – **4.** little money.

Je m'entraîne

1 **D :** cats, children, coins, animals, oranges, bottles, vegetables. – **I :** sugar, tea, cheese, money, hair, milk, meat, ham, jam. **2** **1.** many, many. – **2.** much, a little. – **3.** much, much, a little. – **4.** many, many. – **5.** many, much. – **6.** much. **3** **1.** a few mushrooms, not much. – **2.** a little salmon, much pasta. – **3.** many flowers, few plants. – **4.** How many cars, many.

Bilan 2 | p. 36

1. b. – **2.** c. – **3.** d. – **4.** a. – **5.** c. – **6.** a. – **7.** b. – **8.** a. – **9.** c. – **10.** c.

14. Be et have got | p. 38

J'applique

1. is – is. – **2.** has – got – hasn't.

Je m'entraîne

1 **1.** Is your teacher English? My teacher is not English. – **2.** Are there nice pubs in England? There are not nice pubs in England. – **3.** Has he got three children? He has not got three children. – **4.** Was Susan at school yesterday? Susan was not at school yesterday. – **5.** Are they from New York? They are not from New York. **2** **1.** had. – **2.** were. – **3.** was **4.** weren't. – **5.** were. **3** **1.** is. – **2.** is. – **23.** has got. – **4.** are. – **5.** has not got. – **6.** is. – **7.** is. – **8.** is. – **9.** has got. – **10.** is.

15. Les deux présents | p. 40

J'applique

1. présent simple. – **2.** présent en be + *-ing*.

Conseil aux parents : rappeler qu'il n'y a qu'un temps présent en français et deux en anglais.

Je m'entraîne

1 **1.** She sings ➤ She is singing. – **2.** They run ➤ They are running. – **3.** He sleeps ➤ He is sleeping. – **4.** I go ➤ I am going. – **5.** You walk ➤ You are walking. **2** **1.** Does she work in a hospital? – **2.** She is not working. – **3.** Do they live in France? – **4.** My parents are not sleeping. – **5.** Is Michael in Australia? **3** **1.** he goes. – **2.** she has. – **3.** it works. – **4.** he is. – **5.** she does. **4** **1.** is snowing. – **2.** do you get up. – **3.** is shopping. – **4.** does she do. – **5.** walk.

16. Le prétérit simple | p. 42

J'applique

Did Laura watch TV yesterday? Laura didn't watch TV yesterday.

Conseil aux parents : rappeler que *be* a sa propre conjugaison au passé comme au présent.

Je m'entraîne

1 **1.** I didn't help. – **2.** I didn't sing. – **3.** I didn't dance. – **4.** I wasn't. – **5.** I didn't come. – **6.** I didn't listen. – **7.** I didn't go. – **8.** I didn't open. **2** I sang, I was, I came, I went. Ils se terminent par *-ed* au prétérit. **3** **1.** Did you help? – **2.** Did you sing? – **3.** Did you dance? – **4.** Were you? – **5.** Did you come? – **6.** Did you listen? – **7.** Did you go? – **8.** Did you open? **4** **1.** Did he like tomatoes? – **2.** She was not my friend. – **3.** I didn't want any animals. – **4.** We weren't cousins. **5** **1.** c **2.** d **3.** a **4.** b.

17. Le prétérit en be + -ing | p. 44

J'applique

1. B. – **2.** S. – **3.** B.

Je m'entraîne

1 **1.** They were running. – **2.** He was driving. – **3.** I was singing. – **4.** We were reading. – **5.** You were writing

Conseil aux parents : on peut faire souligner les verbes dans les phrases françaises avant de faire l'exercice suivant.

2 **1.** was reading – rang. – **2.** were you doing – arrived. – **3.** called – I was sleeping. – **4.** saw – he was phoning. – **5.** stopped – the children were sleeping.
3 2 – 1 – 4 – 9 – 5 – 1 – 8 – 6 – 10 – 3.

18. L'expression de l'avenir | p. 46

J'applique

1. be going to. – **2.** will. – **3.** be + *-ing*.

Je m'entraîne

1 **1.** will be. – **2.** will give. – **3.** will not be. – **4.** will have **2** **1.** Will Mary's parents go to London for Christmas? – **2.** My mother is not going to make an apple pie. – **3.** Are Joan's parents leaving tomorrow? – **4.** They'll not invite us to the party. **3** **1.** He will call you tomorrow evening. – **2.** Sue is going to invite her parents for Christmas. – **3.** The Garners are going to Paris next weekend. – **4.** I am leaving this afternoon. **4** **1.** You will not be at school tomorrow. – **2.** Your mother will make a cake next Sunday.

Conseil aux parents : bien faire noter que *will* peut s'écrire *'ll* et *will not*, *won't*.

19. La modalité : may, can, must et have to | p. 48

J'applique

1. can. – **2.** mustn't.

Je m'entraîne

1 **1.** c. – **2.** d. – **3.** a. – **4.** b. – **5.** e. **2** **1.** can. – **2.** must. – **3.** Can. – **4.** mustn't. – **5.** can.

Conseil aux parents : rappeler que le *t* dans *mustn't* ne se prononce pas.

3 **1.** Must children be quiet in class? – **2.** I don't have to wake up early tomorrow. – **3.** Can they ski very well? – **4.** Tom didn't have to work yesterday. – **5.** Will you have to stop smoking?

20. Le nom verbal (bv + -ing), ou gérondif | p. 50

J'applique

1. cooking. – **2.** Reading. – **3.** swimming.

Je m'entraîne

1 **1.** reading ➤ la lecture, lire. – **2.** cooking ➤ la cuisine, cuisiner. – **3.** dancing ➤ la danse, danser. – **4.** drawing ➤ le dessin, dessiner. – **5.** painting ➤ la peinture, peindre.

Conseil aux parents : les « hobbies » de l'exercice 1 peuvent s'apprendre comme du vocabulaire.

2 **1.** Zoe is in the kitchen. – **2.** Playing rugby is his favourite hobby. – **3.** Do you prefer surfing or skiing? – **4.** He wants to ask you a question. 3 **1.** going. – **2.** dancing. – **3.** playing. – **4.** studying. – **5.** singing. 4 **1.** I like surfing but I hate skiing. – **2.** Do you want to dance?

Bilan 3 | p. 52

1. c. – **2.** a. – **3.** d. – **4.** d. – **5.** c. – **6.** a. – **7.** b. – **8.** d. – **9.** c. – **10.** a.

21. Les trois types de phrases | p. 54

J'applique

1. His father is not (ou *isn't*) an architect. Is his father an architect? – **2.** Her mother does not (ou *doesn't*) work in Boston. Does her mother work in Boston?

Conseil aux parents : rappeler que l'ordre des mots dans les questions n'est pas le même que dans les autres types de phrase.

Je m'entraîne

1 **1.** Steven's brother. Harry is a journalist in New York City. – **2.** He was born in Ireland. – **3.** Yes, he thinks it is a wonderful city. – **4.** He is not American. – **5.** Does he like New York? 2 **1.** Harry is Steven's brother. – **2.** No, he isn't. He is Irish. – **3.** No, he doesn't. He lives in New York. – **4.** He's a journalist. – **5.** He will go to Ireland with Betty. 3 **1.** will not. – **2.** cannot. – **3.** do not. – **4.** is / has. – **5.** will. – **6.** has not. – **7.** have. – **8.** are not. – **9.** are not. – **10.** is not.

22. Le questionnement | p. 56

J'applique

1. I am 1m60. – **2.** Yes, I am.

Conseil aux parents : rappeler qu'en anglais, on ne pas répond par *yes* ou *no* mais qu'il faut reprendre le sujet et l'auxiliaire dans les réponses courtes.

Je m'entraîne

1 **1.** Where? – **2.** What? – **3.** How? – **4.** Where… from? – **5.** When? 2 **1.** b – d. – **2.** a – c – e. 3 **1.** Yes, I do. / No, I don't. – **2.** Yes, she will. / No, she won't. – **3.** Yes, he is. / No, he isn't. – **4.** Yes, they did. / No, they didn't. 4 **1.** Are they in England? – **2.** How old is she? – **3.** Whose car is it? – **4.** Does she live in France? – **5.** Who is it? – **6.** Did you see him yesterday?

23. Les question-tags | p. 58

J'applique

1. doesn't he? – **2.** do you?

Je m'entraîne

1 **1.** weren't there? (be). – **2.** has he? (have). – **3.** won't they? (will). – **4.** didn't she? (did). – **5.** was she? (be). – **6.** isn't she? (be)– **7.** aren't you? (be). – **8.** will you? (will).

Conseil aux parents : avant de former un *question-tag*, l'enfant doit savoir si la phrase de départ est affirmative ou négative.

2 **1.** Her aunt doesn't live in Boston, does she? – **2.** Joe's brother is a good pupil, isn't he? – **3.** These actors didn't move to Australia, did they? – **4.** She can't play the guitar quite well, can she? 3 **1.** The children are playing, aren't they? – **2.** Mum will have dinner with me, won't she? – **3.** It rains a lot in England, doesn't it? – **4.** Shakespeare was born in Stratford, wasn't he?

24. Les similitudes | p. 60

J'applique

1. So am I. – **2.** Neither was Paul.

Conseil aux parents : faire remarquer que l'auxiliaire après *neither* est à la forme affirmative car la négation est dans *neither*.

Je m'entraîne

❶ 1. are. – **2.** can. – **3.** will. – **4.** do. – **5.** was. – **6.** did. – **7.** has. – **8.** must. – **9.** don't. – **10.** did. **❷ 1.** so has Mary. – **2.** so was John Lennon. – **3.** neither do I. – **4.** so is my sister. – **5.** so does Ted. **❸ 1.** c. – **2.** b. – **3.** d. – **4.** a. – **5.** e.

25. La suggestion et l'impératif | p. 62

J'applique

1. Why don't we dance? – **2.** Shall we dance? – **3.** We could dance.

Conseil aux parents : faire remarquer que l'ordre des mots est différent d'une suggestion à une autre.

Je m'entraîne

❶ 1. Let's go shopping! – Why don't we go shopping? – **2.** Let's have dinner in an Indian restaurant! – Why don't we have dinner in an Indian restaurant? – **3.** Let's go to London for Christmas! – Why don't we go to London for Christmas? – **4.** Let's watch a thriller! – Why don't we watch a thriller? – **5.** Let's do some sightseeing! – Why don't we do some sightseeing? **❷ 1.** Stop smoking! – **2.** Stop chatting! – **3.** Tidy your room! – **4.** Stop shouting! – **5.** Stop barking! **❸ 1.** We could go to the cinema tonight. – **2.** Shall we visit London? – **3.** Let's have a beer! – **4.** Why don't we eat a sandwich ? – **5.** Shall we play tennis table ?

26. La phrase exclamative | p. 64

J'applique

1. What a clever man! – **2.** How friendly (he is)!

Je m'entraîne

❶ 1. These **mountains** are beautiful. – **2.** This is a very intelligent **man**. – **3.** Look at this huge **castle**! – **4.** It is an interesting **exercise**. – **5.** I have got a big **problem**. **❷ 1.** It is so big! – What a big car! – **2.** It is so comfortable! – What a comfortable bed! – **3.** She is so lovely! – What a lovely girl! – **4.** The weather is so wonderful! – What a wonderful weather! – **5.** The exercise is so difficult! – What a difficult exercise! **❸ 1.** How big it is! – It is such a big car! – **2.** How beautiful it is! – What a beautiful house! – **3.** How lovely she is! – What a lovely girl! – **4.** How wonderful it is! – What a wonderful weather! – **5.** How difficult it is! – What a difficult exercise! **❹ 1.** so. – **2.** what. – **3.** such. – **4.** how. – **5.** so.

27. Les subordonnées introduites par if et par when | p. 66

J'applique

1. see – will give. – **2.** arrives – will help.

Je m'entraîne

❶ 1. She will have a baby, when she is married. – **2.** If it rains tomorrow, we will stay at home. – **3.** When he is 18, he will learn to drive. – **4.** You can come to my house if you like. – **5.** If you are polite, you can ask your teachers anything. **❷ 1.** c. – **2.** e. – **3.** b. – **4.** a. – **5.** d. **❸ 1.** arrives – will tell. – **2.** will – arrive. – **3.** is – will go. – **4.** will buy – is. – **5.** will – passes.

Bilan 4 | p. 68

1. b. – **2.** a. – **3.** a. – **4.** b. – **5.** d. – **6.** a. – **7.** c. – **8.** b. – **9.** a. – **10.** c.

28. Les îles britanniques | p. 70

Je m'entraîne

❶ **1.** Le pays de Galles. – **2.** Edimbourg. – **3.** Londres. – **4.** Irlande du Nord. – **5.** République d'Irlande. – **6.** Écosse. – **7.** Le Royaume-Uni. – **8.** Grande-Bretagne. – **9.** Angleterre. – **10.** Irlande. ❷ **1.** c. – **2.** d. – **3.** e. – **4.** a. – **5.** b. ❸ **1.** England, Wales, Scotland, Ulster (ou Northern Ireland). – **2.** England, Wales, Scotland. – **3.** Elisabeth II. – **4.** Le Royaume-Uni est une monarchie constitutionnelle et l'Irlande une république. – **5.** Eire ; Ulster.

29. L'école en Angleterre | p. 72

Je m'entraîne

❶ **1.** shut, *fermer*. – **2.** homework, *devoirs*. – **3.** write, *écrire*. – **4.** copybook, *cahier*. – **5.** read, *lire*. ❷ **1.** a rubber. – **2.** a ruler. – **3.** a pen. – **4.** a fountain pen. – **5.** an eraser. – **6.** a biro. – **7.** scissors. – **8.** a felt pen. – **9.** a book. – **10.** a copybook. ❸ **1.** FAUX. – **2.** FAUX. – **3.** VRAI. – **4.** VRAI. – **5.** VRAI. ❹ **1.** chat. – **2.** open, read. – **3.** close. – **4.** write. – **5.** Repeat.

30. La famille royale d'Angleterre | p. 74

Je m'entraîne

❶ **1.** grandmother, *grand-mère*. – **2.** son, *fils*. – **3.** daughter, *fille*. – **4.** grandchildren, *petits-enfants*. **5.** father, *père*. ❷ Grandmother – brother – sisters – Mother – Camilla Parker – Grandfather – grandson – aunts – cousins – mother-in-law. ❸ 1926 – 26 – 21 – 36 – Paris. ❹ **1.** a nephew. – **2.** grandchildren. – **3.** a great grandmother **4.** a wife. – **5.** a husband

31. Londres et New York | p. 76

Je m'entraîne

❶ **1.** shop, *magasin*. – **2.** pedestrian, *piéton*. – **3.** traffic, *circulation*. – **4.** pay, *payer*. – **5.** coach, *car*. – **6.** sell, *vendre*. – **7.** bus, *bus*. – **8.** sign, *pancarte*. – **9.** museum, *musée*. – **10.** subway, *métro*. ❷ **Souligner** : 2 – 3 – 4. ❸ **Londres** : 2 – 3 – 6 – 8 – **9.** – **New York** : 1 – 4 – 5 – 7 – 10. ❹ **1.** pedestrian. – **2.** bus. – **3.** shop assistant. – **4.** stamp. – **5.** museum.

32. La Californie | p. 78

Je m'entraîne

❶ **1.** to go to the seaside. – **2.** to fly to a place. – **3.** to spend your holiday in. – **4.** to play on the beach. – **5.** to travel by plane ❷ to sunbathe – to bathe – to surf – to swim – to play on the beach. ❸ **1.** San Francisco, San Diego, Los Angeles. – **2.** Disneyland, Beverly hills, Hollywood. – **3.** L'espagnol et l'anglais. – **4.** L'ours grizzli. ❹ **1.** I went to California last year. – **2.** I spent two weeks in Los Angeles. – **3.** We went to the beach every day.

Bilan 5 | p. 80

1. a. – **2.** b. – **3.** d. – **4.** c. – **5.** c. – **6.** c. – **7.** b. – **8.** a. – **9.** a. – **10.** d.

Verbes irréguliers

base verbale	prétérit irrégulier	traduction
be	was / were	être
become	became	devenir
begin	began	commencer
break	broke	casser
buy	bought	acheter
come	came	venir
do	did	faire
drink	drank	boire
drive	drove	conduire
eat	ate	manger
find	found	trouver
give	gave	donner
go	went	aller
have	had	avoir
know	knew	savoir
lose	lost	perdre
make	made	faire
read	read	lire
run	ran	courir
see	saw	voir
sing	sang	chanter
sleep	slept	dormir
speak	spoke	parler
swim	swam	nager
understand	understood	comprendre
write	wrote	écrire

Conjugaisons

be (être) au présent

Formes affirmatives	I am (I'm) you are (you're) he / she / it is (he's / she's / it's)	we are (we're) you are (you're) they are (they're)
Formes négatives	I am not (I'm not) you are not (aren't) he / she / it is not (he isn't / she isn't / it isn't)	we are not (aren't) you are not (aren't) they are not (aren't)

be (être) au passé

Formes affirmatives	I was you were he / she / it was	we were you were they were
Formes négatives	I was not (wasn't) you were not (weren't) he / she / it was not (wasn't)	we were not (weren't) you were not (weren't) they were not (weren't)

to work (travailler) au présent simple

Formes affirmatives	I work you work he / she / it works	we work you work they work
Formes négatives	I do not (don't) work you do not (don't) work he / she / it does not (doesn't) work	we do not (don't) work you do not (don't) work they do not (don't) work

Prétérit des verbes réguliers (ex. : to enjoy, s'amuser)

Formes affirmatives	I / you / we / he / she / it / they enjoyed
Formes négatives	I / you / we / he / she / it / they did not (didn't) enjoyed

Prétérit des verbes en be + -ing (ex. : to sing, chanter)

Formes affirmatives	I was singing you were singing he / she / it was singing	we were singing you were singing they were singing
Formes négatives	I was not (wasn't) singing you were not (weren't) singing he / she / it was not (wasn't) singing	we were not (weren't) singing you were not (weren't) singing they were not (weren't) singing

Tableau de suivi de progression

Ce tableau te permet de suivre ta progression tout au long de l'année.
Sur la ligne verticale sont placées les notes de 0 à 20 ; sur la ligne horizontale figurent les numéros des leçons.
Pour bien utiliser ce tableau, reporte la note finale que tu dois compléter à la fin de chaque leçon.
Tu relies ensuite les points quand tu as terminé tous les exercices du livre.

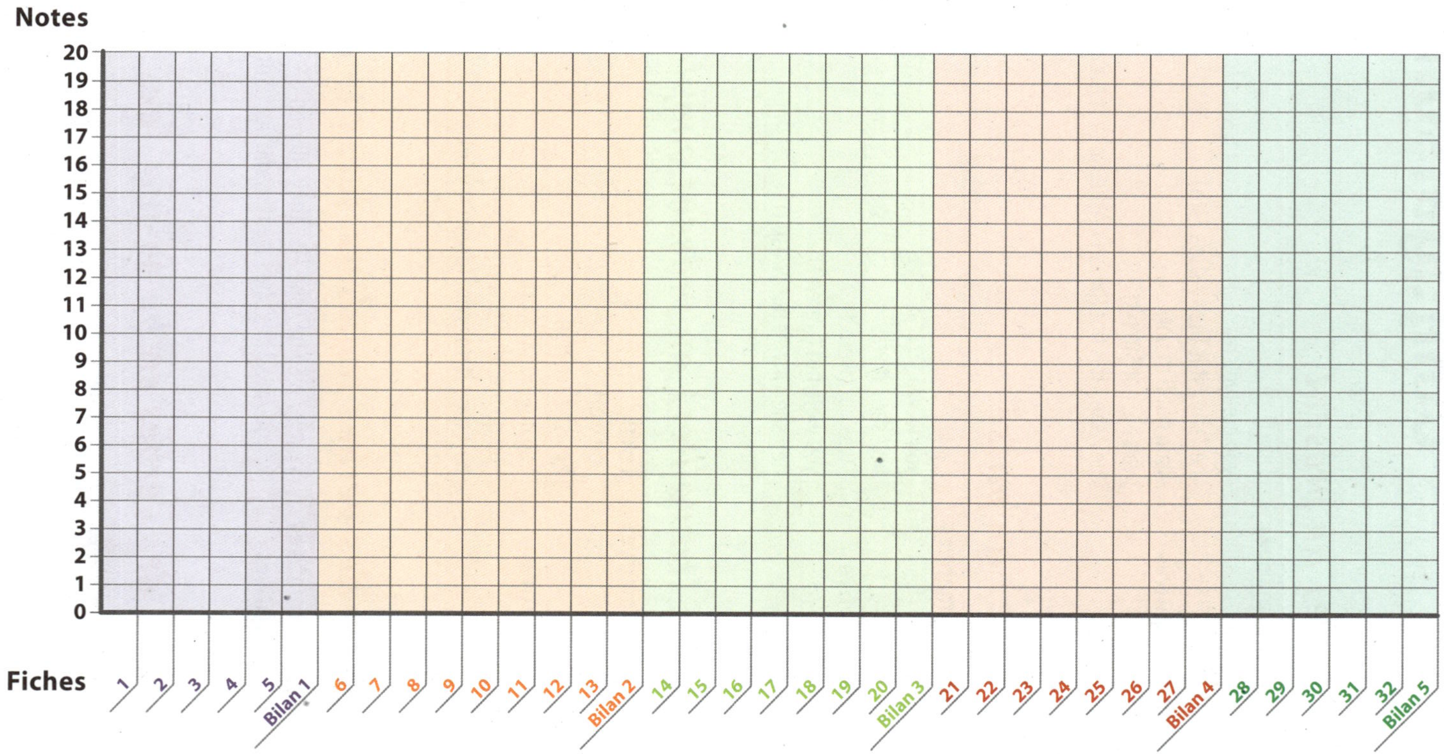